"흑도 백도 아닌,

　　　그 사이 무수한 색을 인정하는 것,

갈등을 껴안고 '사이에서' 생각하는 것이
그 어느 때보다 중요하지 않을까요?"

— 시리즈 창간사 중에서

나와 너 사이에서 철학하다

글 다나카 마치 그림 최진영 옮김 이소담

나와 너

사이에서 철학하다

위즈덤하우스

들어가며
'나다운 나'로 살기 위해

인간관계로 고민하는 건 우리 인간이라는 종의 숙명일지 모릅니다.

사람은 혼자서는 살 수 없습니다. 바다거북 새끼처럼 알에서 태어난 순간부터 자기 힘만으로 살아가지 못하죠. 자연에서 살아남기에 사람은 너무 나약합니다. 기린이나 말은 태어나자마자 바로 자기 발로 일어서는데, 사람은 태어나 걷기까지 1년 정도가 걸리죠. 다 자라더라도 몸을 지킬 날카로운 송곳니나 뾰족한 뿔도 없습니다. 적으로부터 도망칠 만큼 달리기가 빠르지도 않고요. 몸에 복슬복슬한 털도 없으니 추위에 약하고 다치기도 쉽습니다.

그래서 우리 조상은 무리를 이루었어요. 물론 사람 말고도 무리를 짓는 동물은 있습니다. 그런 동물과 사람의 차이

점은 언어를 발명해 밀접하게 의사소통하며 서로 힘을 모으는 발전된 사회를 일구었다는 겁니다.

"내가 사냥감을 몰 테니까 너는 저쪽에서 기다리고 있어.", "이 버섯에는 독이 있어. 그러니까 먹으면 안 돼."

사람은 이런 정보를 공유해 타고난 약점을 보강하고, 나아가 강점으로 바꾸는 데 성공했어요.

인간은 한자로 사람人의 사이間라고 씁니다. 한자 그대로 사람과 사람 사이를 연결함으로써 사람은 '인간'이라는 사회적 동물이 되었어요. 나아가 연결망을 꾸준히 넓힌 결과, 지구상 가장 번영한 생물이 되었습니다.

다만 이 연결을 유지하기 위해 우리는 끊임없이 주변 사람과의 관계를 신경 써야 합니다. 집단에 속해 보호를 받는 입장에서는 나를 지켜 주는 사람들과 좋은 관계를 쌓는 것이 곧 생명을 지키는 일입니다. 미움을 받아 집단에서 쫓겨나면 살아남을 수 없기 때문입니다.

현대를 살아가는 우리 마음에도 이 옛 기억이 남아 있습니다.

우리 내면에는 내가 하고 싶은 일보다 주변에서 기대하는 일을 하는 편이 낫다는 생각이 있습니다. '내가 하고 싶은 일만 하면 너무 제멋대로 군다고 생각하지 않을까?', '나를 싫어하지는 않을까?' 하고 조바심이 나죠. 주변의 기대에 부응하지 못하면 스스로를 탓하기도 합니다. 이는 자아 존중감이 낮아서가 아니라, 가혹한 세계에서 살아남기 위해 조상들에게서 물려받은 자연스러운 반응입니다.

"너는 자유로운 사람이야. 남들이 무슨 생각을 하는지 신경 쓰지 않아도 돼. 있는 그대로인 네 모습으로 지내면 돼. 너답게 사는 게 좋아." 이런 말도 자주 들었을 거예요.

그렇다고 "그래, 나는 자유롭게 살 테다!"라며 자동차를 반대로 몰아 도로를 역주행하면 사고가 납니다. 화가 치민다고 다른 사람을 때리면 체포당하죠.

'자유'도, '있는 그대로의 나'도, '나다움'도 타인과의 관계 없이는 있을 수 없습니다. '자기 자신'도 다른 사람과 이어진 채 만들어지니까요. 관계를 맺은 사람과 나 사이에 바람이 잘 통할 때 우리는 비로소 '있는 그대로의 나', '나다운 나'로 있을 수 있습니다.

그런데 이 바람이 잘 통하기가 쉽지 않습니다. 왜일까요?

그 이유 중 하나로 사람 사이의 관계가 지나치게 연결된 점을 꼽을 수 있습니다. 타인과 연결되려는 건 인간의 기본적인 욕구입니다. 사람은 연결을 통해 각종 어려움을 극복했죠. 다만 지나친 연결은 오히려 자유를 앗아 갑니다.

요즘은 가정과 학교, 사회에서 실제로 접하는 사람들과의 연결뿐 아니라 온라인을 통한 가상의 연결도 우리 속에 깊숙이 파고들었습니다.

만난 적도 없는 SNS 속 누군가의 말이나 행동에 깊이 상처받고, 인터넷으로 접한 누군가의 극단적인 사상에 물들기도 합니다. 이처럼 과하게 연결되면 내 마음이 보이지 않는 타인에 의해 좌우될 위험이 도사립니다. 내 깊숙한 곳까지 연결되어 생각이나 감정, 행동까지 내어 주는 것이죠.

그렇다고 연결을 끊으면 자유로워지는 것도 아닙니다. 우리는 다른 사람과 연결되지 않고는 자유로울 수 없거든요. 중요한 건 연결에 얽매이지 않는 겁니다. 관건은 연결을 끊지 않고, 느슨하게 하는 것이에요.

지나친 연결은 마치 우리를 꼭두각시 인형처럼 조절합니다. 그렇다면 그 연결의 끈을 느슨하게 해 보면 어떨까요? 어쩌면 내가 하고 싶다고 생각하던 것이 사실 타인의 바람이었다는 걸 깨달을지도 모릅니다. 나아가 타인의 목소리에 진정으로 귀 기울일 여유가 생길지도요. 느슨한 연결로 관계 사이에 바람이 통하는 것이죠.

이 책이 여러분과 다른 사람 사이에, 또 여러분 내면에 바람이 잘 통하도록 하는 계기가 되어 주길 바랍니다.

차례

1장

내 안에는
작은 우리가 산다

'나'는 비유하자면 배입니다.
항해사, 기관사, 통신사 같은 다양한 승무원이
저마다 역할을 맡고 이 배에 오릅니다.
그리고 선장은 여러 승무원을 아우르며
배를 안전하게 목적지까지 이끕니다.

여행의 특별한 동반자

여행을 갈 때면 제가 반드시 챙기는 물건이 있습니다. 바로 오리와 갓파 인형이에요.(갓파는 물가에 사는 일본 요괴로, 짧은 부리, 물갈퀴, 등딱지가 있고 정수리에 물이 고인 모습으로 그려진다.—옮긴이) 손바닥에 올라가는 이 자그마한 인형을 데리고 아프리카 콩고강부터 이집트와 수단의 사막, 마다가스카르 평원 등 다양한 곳을 여행했죠. 함께 사진을 찍기도 하고요.

　멀쩡한 어른이 여행지에서 인형과 사진 찍는 광경이 남들 눈에 조금 이상해 보일 수도 있지만, SNS에 비슷한 사진을 올리는 사람이 많아진 덕분에 희한하다고 보는 시선이 줄었습니다.

매번 함께하다 보니 인형들에게 자연스레 캐릭터가 생겼습니다. 오리는 아는 체하기 좋아하는 엉뚱한 녀석이 되었고, 갓파는 겁쟁이지만 솔직하고 호기심이 풍부한 녀석이 되었어요.

여행을 하면서 저도 모르게 이 녀석들이 나누는 대화도 상상하게 되었습니다. 바다를 보면 갓파는 솔직하게 "와, 넓다!" 하고 감동하는데, 오리는 "이 정도야 뭐, 별로 대단하지도 않거든." 하며 잘난 척을 하죠.

언제부터인가 오리와 갓파는 여행 준비물이 아니라 여행 동반자가 되었습니다. 유독 문제가 끊이질 않던 아프리카 여행 때였어요. 물건을 도둑맞았고, 세월아 네월아 기다려야 했고, 경찰에게 괜한 트집을 잡혀 화가 났고, 우울과 짜증이 찾아오기도 했죠.

그런 때에도 오리와 갓파는 여전했습니다. 고약한 경찰관이 저를 속이려는 상황에서도 등 뒤에서는 "이 남자는 자식이 몇이나 있을까?", "분명 오늘 아침에 부인이랑 싸웠을 거야." 하며 느긋하게 대화하는 소리가 들려왔죠.

● 1인칭에서 벗어나기

물론 인형이 말을 할 리는 없지요. 그럼에도 인형들과 함께

하는 동안에는 혼자서는 나오지 않을 말들이 머릿속에 떠오릅니다. 그러면 조금 전까지 마음을 짓누르던 문제가 그리 대단하지 않은 것처럼 느껴질 때도 있어요.

오리와 갓파 이 두 캐릭터가 고민을 하지 않는 이유는 '이래야만 해.'라는 고정관념에서 자유롭기 때문입니다. 이미 벌어진 일에 분통을 터트리거나, 아직 생기지 않은 일에 불안해하지 않지요. 뜻밖의 사건이 벌어지면 오히려 재밌어합니다.

그렇다면 차라리 여행하는 주인공은 오리와 갓파이고, 저는 어디까지나 조수라고 생각하는 편이 더 편하지 않을까요? '여행은 둘에게 맡기고, 나는 한 걸음 떨어져서 관찰해보자.' 이런 식으로 제 생각도 바뀌었습니다.

오리와 갓파는 인간이 아니기에 저와 관점이 다릅니다. 관광지에는 흥미가 없고, 여행 일정에 집착하지도 않아요. 애초에 자신들이 여행 중이라는 자각도 없죠. 그래서 둘의 시선으로 사건을 보면, 제 눈으로 볼 때와 우선순위가 달라집니다. 중요하다고 생각한 것이 꼭 그렇지만도 않아 보이고, 하찮다고 생각한 것이 매력적으로 보이기도 합니다. 물론 오리와 갓파의 말도 제 안에서 나오는 것이죠. 말하자면 제 분신이 하는 말입니다. 그런데 저로서는 상상도 못할 발상이 튀어나옵니다.

왜 이런 현상이 생길까요? 아마도 저의 시선, 즉 1인칭에서 해방되는 덕분일 겁니다.

혼자일 때는 '나'를 주어로 삼은 견해에서 벗어나지 못합니다. 나는 이렇게 생각한다거나, 나는 이걸 봤다는 식으로 '나'라는 고정된 1인칭 시점의 세계만 보이죠. 말하자면 나 자신이라는 상자에 갇힌 셈이어서 때로는 세상을 보는 시각이 고정되고 맙니다.

오리와 갓파가 함께일 때는 그들 눈에 비친 3인칭 시점의 세계가 보입니다. 나라는 1인칭일 때는 보이지 않았던 것이 떠오르지요. 제 눈에는 보이지 않던 선택지가 오리의 눈으로는 보이기도 합니다. 나와 세계에 '틈'이 생기면서요.

둘이 저를 두고 이야기를 나눌 때도 있습니다. "우리를 쫓아다니는 아저씨 말이야, 지금 상태가 별로인 거 같지 않아?", "배가 고픈 거 아닐까?" 같은 식으로 말이죠. 이런 말은 다른 사람이 대놓고 "왜 그렇게 화를 내?"라고 물을 때보다 순순하게 들을 수 있습니다.

나아가 제가 오리나 갓파와 대화를 나눌 때면 서로 '너'라는 2인칭으로 부릅니다. 예를 들어 오리가 "너는 어떻게 생각해?"라고 물어보면 저는 오리에게 무어라 설명할지 생각하는 거죠. 혼자 있는데도 대화가 이루어지는 겁니다. 마음속으로 대화를 나누며 생각하면 1인칭으로 생각할 때보

다 발상이 유연해집니다. 옆에서 보면 몹시 수상한 사람으로 보인다는 문제는 잠시 제쳐 두고, 인칭이 바뀌기만 해도 세상을 보는 방식이 크게 달라지는 건 분명합니다.

● 일곱 인형과 한 남자

동반 인형들과 여행을 다니면서, 젊었을 적에 이와 발상이 비슷한 소설을 읽었던 것이 떠올랐습니다. 미국의 폴 갈리코라는 작가가 쓴 《일곱 인형의 사랑 이야기》라는 작품입니다. 갈리코는 따뜻한 마음이 깃든 서정적인 이야기를 잘 쓰는 작가인데, 처음 이 소설을 읽었을 때는 왠지 모르게 껄끄러웠습니다. 설정이 굉장히 독특했거든요.

이야기의 주인공인 무슈는 배우가 되겠다는 꿈을 안고 프랑스의 한 시골 마을에서 파리로 왔습니다. 그러나 가난한 소녀였던 무슈는 여러 좌절 끝에 희망을 잃고, 센강에 뛰어들겠다는 마음을 품습니다. 행동으로 옮기려 걸어가는데 어디선가 "아가씨, 강바닥은 춥다오."라는 목소리가 들려옵니다. 지나치던 연극 공연장에서였죠.

소리가 들린 쪽을 돌아봤지만, 사람은 없었어요. 대신 빨간 머리에 코가 동그란 인형이 무슈를 바라보고 있었죠. 무슈는 깜짝 놀라면서도 "네 알 바 아니잖아?"라고 대답합니다.

그러자 옆에서 금발머리를 한 지지라는 소녀 인형이 나타나더니 무슈를 빤히 보며 빨간 머리 인형에게 말합니다. "당근씨, 대체 어디서 이런 걸 찾았어?" 이어서 깜찍한 여우 인형 레이날도가 나타나 무슈에게 친근하게 말을 걸지요.

무슈 앞에 나타난 건 인형극을 하는 극단이었어요. 성격이 맹한 거인, 펭귄 듀크로 박사, 참견꾼 마담 뮤스카, 장난감 장인 니콜라까지 총 일곱 인형이 함께하고 있었죠. 그들은 무슈의 사정을 딱하게 여겨 극단의 일원으로 받아 주기로 합니다.

물론 이들은 모두 인형입니다. 복화술이 뛰어난 캡틴 콕이라는 단장 한 사람이 모든 인형을 다루고 있었죠. 수다 떨기를 좋아하고 활달한 인형들과 달리, 콕은 거칠고 냉혹하고 무자비한 남자였습니다. 인형들이 무슈를 일원으로 맞이하고 싶다고 말했을 때도, 콕은 내키지 않는지 "행실 바르게 굴어라. 연극 공연을 잘 도와주지 않으면 쫓아낼 거다."라고 협박하며 승낙했습니다.

여기까지 읽으면 '어라?' 싶을 거예요.

일곱 인형은 연극 무대 위에서만이 아니라 평소에도 자기 의지가 있는 것처럼 자유롭게 말하고, 움직이고, 때로는 싸우기도 했습니다. 무슈와도 금방 친해져서 농담을 주고받았죠. 한편 단장 콕은 무슈에게 말도 제대로 걸지 않고, 화를 내거나 욕을 퍼부으며 나쁘게 대했습니다. 그러는 만큼 인형들이 무슈를 친절하게 보살펴 주었고요. 무슈는 인형들에게 깊은 사랑을 느꼈습니다.

그러나 인형들이 하는 친절한 말과 행동은 모두 콕에게서 나온 것이었습니다. 극단에서 살아 있는 인간은 콕과 잔심부름꾼 겸 운전사인 세네갈 출신 고로뿐이었으니까요.

무슈는 콕에게 "왜 당신은 당근 씨나 듀크로 박사나 레이날도 씨처럼 친절하고 참을성 있게 굴지 못하나요?"라고 묻습니다. 그러자 콕은 "그놈들은 나와 아무 상관없어."라고 거칠게 대답합니다. 일곱 인형이 목소리를 내고, 움직이도록 하는 주체는 복화술을 하는 콕인데, 마치 인형 하나하나가 저마다 독립된 존재인 것처럼 행동하는 거죠. 어떻게 된 노릇일까요?

● "누구니?
 너희는 모두?"

콕의 본명은 미셸이었습니다. 고아로 태어나 친절하게 대해 주거나 다정하게 보살펴 주는 사람 하나 없이 자랐고, 길거리 공연과 싸구려 쇼를 하며 살아왔습니다.

미셸 안에서 인형들이 태어난 것은 전쟁 중에 독일군의

22   나

포로로 붙잡혔을 때였습니다. 미셸은 내일을 약속할 수 없는 불안에 시달리는 포로들에게 기운을 불어넣기 위해 일곱 인형을 만들고 복화술을 써서 인형극을 선보였습니다. 그러던 중 인형들이 미셸의 뜻을 벗어나 자기 마음대로 움직이기 시작했습니다. 그동안 미셸이 살아남기 위해 희생할 수밖에 없었던 다정함이나 애정, 기쁨과 희망을 인형들이 미셸 대신 표현하면서 생생한 존재가 된 것입니다.

전쟁이 끝나고 프랑스로 돌아온 미셸은 단장 캡틴 콕이 되어 일곱 인형과 함께 극단을 세웠습니다. 이때부터 미셸은 콕으로 살아가며 스스로를 지켰고, 자신이 살 수 없던 인생은 인형들에게 맡기며 마음의 균형을 잡았습니다.

그런데 무슈가 등장하면서 그 균형이 무너졌습니다. 무슈에게 마음이 끌리면서 캡틴 콕 또한 다른 인형들과 마찬가지로 미셸 자신이 만든 캐릭터였다는 사실을 알아챈 거죠. 그동안 미셸은 콕이라는 다른 인격 안에 숨어 있던 겁니다.

감정을 죽이고 살아온 미셸은 자기 자신만의 말을 갖추지 못했기에 난폭한 콕 캐릭터를 빌려 행동할 수밖에 없었습니다. 세상을 증오하고, 선의나 애정을 믿지 않고, 여성을 욕망의 도구로만 본 콕은 무슈에게 정신적으로도 육체적으로도 상처를 주고 맙니다. 결국 무슈는 극단을 떠나려고 하죠. 이때 인형들이 무슈를 붙잡고 질문을 던집니다.

"우리가 누구니, 무슈?" 당근이 묻습니다. "우린 대체 누구입니까?" 장난감 장인 니콜라가 묻습니다. 무슈도 인형들에게 묻습니다. "누구니? 너희는 모두?"

● 내 안에 사는
   다양한 타인

누구나 어린 시절에 다양한 캐릭터를 연기하며 논 경험이 있을 거예요. 미셸처럼 인형을 갖고 역할 놀이를 하거나, 해설자인 양 스포츠 중계를 하며 동경하는 선수가 된 것처럼 공을 차면서 말이지요.

누가 따로 알려 주는 것도 아닌데, 다른 누군가가 된 것처럼 말하고 행동합니다. 우리는 그런 식으로 내면에 타인을 살게 하고, 그들과 대화를 나누면서 사회성을 익힙니다. 사회성을 익힌다는 것은, 자기 안에 사는 다양한 타인과 거리를 재고, 서로 이해하기 위한 '나'를 만드는 과정이기도 합니다. 곧 자아 독립이지요.

다만 그런 '나'를 잘 만들지 못하거나, '나'의 안에 거둬들인 타인을 '나'라고 착각하면, 자기 자신을 능숙하게 조절하지 못하게 됩니다. 이는 곧 현실의 인간관계 문제로 이어집니다. 관계를 맺는 게 어려워지죠. 삶을 힘들게 하는 이유 중

하나입니다.

　로베르토 아사지올리라는 이탈리아 정신과 의사는 '나'는 혼자가 아니라고 설명했습니다. 한 사람 안에는 다양하고 모순적인 자기 자신이 함께 산다는 것이에요. 질투가 심하고 탐욕스러운 나도 있고, 자기희생적이며 헌신적인 나도 있습니다. 게으르고 멍한 나도 있고, 섬세하고 마음 약한 나도 있어요. 아사지올리는 그런 다양한 자신을 '서브 퍼스낼리티'라고 합니다.

　문제는 다양한 혹은 특정한 퍼스낼리티가 폭주하는 바람에 '지휘자 없는 오케스트라'처럼 통제하지 못할 때도 있다는 거예요. 아사지올리는 그 '지휘자'에 해당하는 존재를 '셀프(자기)'라고 부릅니다.

　《일곱 인형의 사랑 이야기》를 다시 떠올려 봅시다. 언뜻 '셀프'처럼 보였던 캡틴 콕은 사실은 인형들처럼 서브 퍼스낼리티 가운데 하나였습니다. 콕은 미셸이 그동안 겪었던 냉혹하고 난폭한 남자 어른들을 마음속에 거둬들여 만든 서브 퍼스낼리티였던 겁니다. 그런데 무슈와 인형들이 대화하는 과정에서 폭군 같은 콕의 존재는 흐려지고, 그 안에 숨어 있던 미셸이 자기 말과 감정을 되찾습니다. 소설의 절정에서 이 과정이 나타나지요.

● 내 마음을 괴롭히는
목소리의 주인

우리는 언제 삶이 힘겹다고 느낄까요? '나' 안에 거둬들인 타인이 폭군으로 변해 "이렇게 해야 해!"라거나 "이러면 안 돼!"라고 명령할 때가 아닐까요?

그렇다면 이 타인은 누구일까요. 아마 대부분 내면에 제일 먼저 들이는 타인은 '부모'일 것입니다.

사람은 어린 시절 놀이로 다른 사람이 되어 보기도 하고, 자기 안에 있는 타인과의 거리를 가늠하며 사회성을 키웁니다. 그중 가장 큰 영향력을 발휘하는 타인은 바로 부모입니다. 아이들은 부모와의 관계로 사람과 관계 맺는 법을 배우니까요. 그런데 그 과정에서 부모의 존재가 깊숙이 들어온 나머지, 종종 부모의 욕구를 자신의 욕구라고 착각하기도 합니다.

그러면 어떤 일이 생길까요? 자기 욕구와 감정은 무시한 채 부모의 욕구를 실현하려는 생각과 행동이 일어납니다. 만약 그 욕구를 이루지 못하면 자신을 탓하고 부정하기도 해요. 반대로 자신의 진짜 욕구를 채우려 하면 왠지 고집을 부리고 있다거나 나쁜 짓을 한다는 생각에 죄책감을 느낍니다. 삶이 괴로워지죠.

나

사사건건 간섭하거나 강압적인 부모를 두었을 때만 이런 일이 생기는 건 아닙니다. 현실의 부모가 실제로 어떤 사람인지보다 자신이 내면에 들인 부모의 영향력이 어떠하느냐의 문제이죠.

부모 말고도 우리가 마음에 쉽게 들이는 힘센 타인이 있습니다. 바로 이 세상, 즉 세상 사람들의 시선입니다.

이 '세상'은 유령처럼 손에 잡히지 않는 존재입니다. 누군가 정해진 틀이나 상식을 벗어난 일을 하려고 하면 주변에서 으레 "세상 사람들이 뭐라고 하겠니?"나 "남들 보기 부끄럽지도 않아?" 같은 말들로 비난하잖아요. 그런 말을 들으면 움츠러들게 되죠.

실체가 없는데도 사람들은 이 '세상'의 시선이나 평가를 두려워합니다. 누구나 이런 감각을 느껴 본 적 있을 거예요.

'세상'이 상상 속 타인들이 만드는 암묵적인 규칙이라면, '분위기'는 특정한 자리에 있는 사람들의 관계성으로 만들어지는 암묵적인 압력입니다. '나는 이것들에 저항하며 살아갈 수 없어.'라는 생각이 들 정도로 이 규칙이나 압력들이 지닌 영향력은 강력해요. 하지만, 사실 둘 다 실제로는 존재하지 않습니다.

● '나'의 틈에
바람이 통하다

'나'는 비유하자면 배입니다. 항해사, 기관사, 통신사 같은 다양한 승무원이 저마다 역할을 맡고 이 배에 오릅니다. 그리고 선장은 여러 승무원을 아우르며 배를 안전하게 목적지까지 이끕니다.

'나'라는 배에는 서브 퍼스낼리티인 여러 승무원이 탑승합니다. 그리고 이들은 서로 협력하며 '나'를 움직입니다. 진짜 배와 다른 점은, 선장이 처음부터 확실하게 존재하지 않는다는 겁니다. 나도 미처 알아차리지 못한 서브 퍼스낼리티가 밀항자처럼 숨어 있을 가능성도 있지요.

'나'라는 배의 선장은 앞서 아사지올리가 말한 '셀프(자기)'입니다. 셀프는 다양한 서브 퍼스낼리티와 관계를 맺으며 조금씩 성장합니다. 마찬가지로 한 서브 퍼스낼리티도 다른 서브 퍼스낼리티나 셀프와 관계를 맺으며 변화하고 성장합니다.

셀프의 역할은 서브 퍼스낼리티들을 마음대로 조절하는 것이 아닙니다. 상호 모순되기도 하는 그들의 주장에 귀를 기울이고, 저마다 머물 자리를 주는 것이죠. 서브 퍼스낼리티도 따져 보면 인연이 있어서 내 인생에서 만나고 내 속에 거둬들인 타인이니까요. 어느 퍼스낼리티도 '나' 자체는 아니지만 전부 '나'를 구성하는 소중한 일부입니다.

그런 의미에서 '나'는 고독한 존재가 아닙니다. 설령 무인도에 혼자 있더라도 '나'의 안에서는 다양한 목소리가 마치 SNS처럼 실시간으로 끝없이 중얼거립니다. 그 목소리를 '나'를 주어로 삼는 1인칭의 목소리로 듣지 말고, '나'의 안에 살고 있는 타인의 목소리로 한번 들어 보세요.

그러면 '나'와 자기 자신의 생각이나 감정 사이에 틈이 생깁니다. 분노가 차오르더라도 분노와 자신을 하나로 여기지 않으면 분노와 자신 사이에 틈이 생깁니다. '나는 화를 내고 있어.'가 아니라 '화를 내는 건 누구지?'라고 느낄 수 있는 거예요. 그러면 서브 퍼스낼리티 사이에서 대화가 시작됩니다. 결론이 나지 않더라도 아니, 일부러 결론을 내리지 않음으로써 내 안의 다양한 목소리를 주의 깊게 들을 수 있습니다. 그러면 틈에 바람이 잘 통하는 것처럼 긴장이 풀립니다.

저는 오리와 갓파와 여행하면서 이 점을 깨달았습니다.

'나'라는 사회를 이루는 다양한 우리

우리는 자기 자신을 '나'라고 인식합니다. 나는 언제나 내 몸과 함께 있습니다. 사람들 사이에서 '내가 어디에 있는지 잘 모르겠는 경우'는 있어도 '내가 사라져 버린 경우'는 없습니다. 자아 탐구를 할 것도 없이 나는 언제나 '여기'에 있습니다.

길을 잃어 미아가 되든 아무리 먼 곳에 가든, 나는 늘 나와 함께 있습니다. 우리는 "나는 이렇게 생각한다, 나는 이걸 원한다, 나는 그게 싫다, 나는 잘 모르겠다."라고 말합니다. 그런데 그 '나'란 도대체 뭘까요?

예전에 어떤 워크숍에서 이런 활동을 진행한 적이 있습니다.

"짝꿍끼리 마주 보고 자기 자신을 '나는 …입니다' 형식으로 소개해 보세요."

그러자 참가자들은 저마다 "나는 키가 큽니다.", "나는 소심한 편입니다.", "나는 학생입니다.", "나는 게으릅니다." 등으로 자기를 설명했습니다.

이런 설명은 분명 '나'에 관한 설명입니다. 그러나 '키가 큰 것'은 주변 사람들과 비교해서 큰 것이므로 북유럽에 가면 별로 크지 않을 수 있습니다. '소심한 것'은 주변에 마음 맞는 사람이 없어 어울릴 마음이 들지 않아서일 수 있죠. 이처럼 '나는 이런 사람'이라는 이미지는 본인 고유의 특성이라기보다 타인과 비교하거나 관계를 맺으며 만들어집니다.

전학을 자주 다녔다는 학생에게 이런 이야기를 들은 적

있습니다. 학교를 옮길 때마다 공부를 잘하는 학생이 되기도 하고, 못하는 학생이 되기도 했다는 겁니다. 마찬가지로 운동 능력도 매 때마다 다르게 평가를 받았습니다. '나는 이런 사람'이라는 이미지가 매번 송두리째 뒤집혔다는 거예요. 그 덕분에 '나는 형편없는 사람이야.'라거나, '나는 이런 인간이지.'라는 식으로 이미지가 고정되지 않았다고 합니다.

● 정체성은
타인에 의해 만들어진다

'나'는 타인과의 관계로 만들어집니다. '나는 일본인이다, 나는 선생님이다, 나는 학생이다, 나는 엄마다, 나는 축구 선수다.' 하는 정체성도 전부 주변과의 관계로 성립되지요. 학생이 없으면 선생님이 될 수 없습니다. 자식이 없으면 부모가 될 수 없고요. 이러한 '나'의 존재를 아이덴티티, 즉 정체성이라고 합니다.

우리는 타인과의 다양한 관계 속에서 그에 맞는 다양한 정체성을 지니고 살아갑니다. 가정에서는 자식을, 학교에서는 학생을, 동아리에서는 테니스부 부원을, 온라인 커뮤니티에서는 또 다른 자신을 연기하죠. 이렇게 인간관계나 소속된 집단에 따라 여러 정체성을 나눠 사용합니다.

정체성은 나 혼자서는 성립할 수 없습니다. 예를 들어 '나는 화성인이다.'나 '나는 클레오파트라의 환생이다.'라고 주장하는 것만으로는 정체성이 세워지지 않습니다. 정체성은 그걸 인정해 주는 타인이 필요합니다. 누구 한 명이라도 "그렇군요. 당신은 화성인이군요."라고 인정하면, 그 사람과의 관계에서 화성인이 나의 정체성이 됩니다.

인정해 주는 사람의 수가 많아지면 정체성은 굳건해집니다. 정체성이 굳건해질수록 고립될지 모른다는 불안이나 공포는 줄어들고, 사회가 나를 원한다는 안도감을 얻습니다. 그래서 우리는 타인이 인정해 줄 만한 캐릭터를 연기하고, 그걸 자신의 정체성으로 삼고 싶어 합니다. SNS에서 '좋아요'를 받길 바라는 마음도 타인의 인정을 받아 안심하고 싶은 데서 옵니다. 이를 인정 욕구라고 부르죠.

인간은 외따로 떨어져 살지 못합니다. 인정 욕구는 인간이 타인과 관계를 맺기 위해 발전시킨 생물학적 프로그램입니다. 그리고 굳건한 정체성은 인정 욕구를 충족해 줍니다.

다만 인정받고 싶은 마음에 사람들이 원할 캐릭터를 연기하거나, 미움받지 않을 역할에만 몰두하면 그 정체성에 사로잡힌 나머지 진짜 내가 무얼 하고 싶은지, 무엇을 소중히 하고 싶은지는 잃어버릴 위험이 큽니다.

악령 퇴치
현장을 가다

잠시 제 여행 얘기를 들려 드릴게요. 이집트의 수도인 카이로에 머물렀을 때 '잘'이라고 불리는 악령 퇴치 의식을 보러 간 적 있습니다.

의식이 펼쳐지는 장소는 가난하고 오래된 민가였습니다. 돗자리 같은 깔개가 깔린 어두컴컴한 방에 사람들이 삼삼오오 모여 있었죠. 주로 나이 먹은 여성이 많았고 딸을 데리고 온 아버지도 있었습니다. 다들 차를 마시며 가볍게 잡담을 나누고 있었죠.

'여성이 중심인 의례인가 보다. 악령 퇴치라고 해서 으스스한 분위기를 상상했는데, 동네 모임 같아서 별로 긴장감이 없네.' 하고 혼자 생각했습니다.

이윽고 악단이 도착했습니다. 탬버린과 북 같은 다양한 타악기가 격렬한 리듬으로 연주되고, 향로에서 연기가 모락모락 타올랐습니다. 그러자 조금 전까지 수다를 떨던 할머니가 뭔가에 홀린 듯이 일어나더니 몸을 비비 꼬며 방을 뛰어다녔습니다. 음악이 절정으로 치달을수록 몸을 흔들거나, 머리카락을 덮고 있던 히잡을 내팽개치고 목을 앞뒤로 강하게 흔들거나, 울부짖는 사람도 나왔습니다.

의식은 30분마다 쉬어 가며 진행됐습니다. 출입도 자유여서 도중에 오가는 사람도 있었어요. 담배만 피우다 간 사람도 있었고요. 이런 의식으로 어떻게 악령을 퇴치한다는 걸까요?

● 자기 안의 악령을 기쁘게 하다

카이로에서 사는 동안 청소를 맡아 주던 위다드 아주머니에게 "잘을 보고 왔어요."라고 말하자, 자신의 경험을 나눠 줬습니다. 어렸을 때 고향인 이집트 남부 마을에서 눈이 보이지 않게 된 어머니와 함께 잘에 간 적이 있다고 했죠. 위다드의 이야기를 들어 보니 '수단인'의 유령이 달라붙어서 어머니의 눈이 보이지 않게 되었는데, 반년쯤 잘에 다녔더니 시력을 회복했다는 것이었습니다.

"인간 안에는 많은 것이 둥지를 틀죠. 잘을 치르면 우리 속에 자리 잡은 그것들이 기뻐합니다." 위다드의 설명이었습니다.

의외였어요. 몸에 자리 잡은 것을 퇴치하는 게 아니라 기쁘게 하다니. 그렇다면 악령 퇴치가 아니라 악령 비위 맞추기가 아닌가 싶었죠.

나

참고로 이때 '수단인'은 실제 수단이라는 나라의 사람이 아닙니다. 이집트인은 이해할 수 없고 두려운 모든 것을 '수단인'이라는 이미지로 상상한다고 해요. '수단인' 외에도 '하얀 사람'이나 '빨간 사람', '유럽인' 같은 유령도 있습니다.

잘에서는 자기 안에 자리 잡은 '유령'을 쫓아내지 않습니다. 영화에 종종 나오는 기독교식 악마 퇴치는, 신부가 악마에 씐 사람의 몸에서 악마를 쫓아내려고 합니다. 그런데 잘은 그러지 않아요. 잘에 관한 연구에 따르면, 여성은 저마다 자신만의 악령을 갖고 있다고 봅니다. 악단은 이런저런 시행착오를 거치며 그 악령에게 어울리는 리듬을 찾습니다. 악령이 좋아하는 리듬을 찾으면, 여성은 그에 맞춰 미친 듯이 춤을 추거나 울거나 비명을 지르며 감정을 해방합니다. 악령이 만족하면 의식을 치르던 여성은 제정신을 차리고 아무 일도 없었다는 듯이 후련한 얼굴로 돌아갑니다.

◖ 작은 우리를 위한 자리를 만든다

잘에서는 모순되는 몇 가지 인격이 모여 '나'를 이룬다고 봅니다. 그중에는 수단인처럼 스스로 조절하지 못하는 것도 있고요. 이 모든 걸 아우르면 '나'라는 존재가 되는 겁니다. 즉

'나'란 복수의 인격으로 이루어지는 하나의 사회입니다. 이는 이집트뿐 아니라 세계 각지의 전통 문화에서 두루 보이는 관점입니다.

숱한 인격 가운데는 나쁜 짓을 하려는 인격도 있습니다. 그 또한 '나'의 일부로 보고 비위를 맞추며 달래는 겁니다. '악'이라고 존재하지 말아야 하는 건 아닌 거죠.

이와 반대로, 조절하지 못하는 것은 '나'가 아니므로 악이라고 여겨 쫓아내려는 것이 기독교 방식의 악마 퇴치입니다. 이는 서양 근대의 개인주의 사상과 관련 있는데요, 개인주의는 '나'를 일관된 하나의 인격으로 인식하려 합니다. '나'의 일관성을 해치는 것은 '나'가 아니므로 따돌리는 것이죠.

잘의 참가자 대부분은 중장년 여성입니다. 여성들은 잘에서 담배를 피우고, 이슬람 교리에 따라 늘 머리에 둘러야 하는 히잡을 내던지고, 미친 듯이 춤을 추고, 큰 소리를 내며 울부짖습니다. 아마도 여성들이 가정에서 일상적으로 보여주지 못하는 모습일 것입니다.

가정에서 여성들의 정체성은 주부, 엄마, 아내라는 역할로 규정됩니다. 그렇지만 여성들 안에는 엄마도, 아내도, 주부도 아닌 '나'도 있습니다. 그 존재가 머무를 자리를 잃고 우울한 감정으로 쌓인 결과, 악령이라 불리는 것으로 성장한 게 아닐까요?

그런 의미에서 악령은 처음부터 악령이었던 것은 아닙니다. 우리 정체성이 주변 타인과의 관계로 만들어지듯이 악령 또한 우리 안에 있는 여러 인격과의 관계로 만들어집니다. 현실에서 밑바닥으로 내몰리고 목소리 낼 권리도 빼앗긴 사람들이 때때로 반사회적 존재가 되는 것처럼, 자기 자신이라는 사회 안에서 머물 자리와 목소리를 뺏긴 인격이 악령이 되는 것입니다.

사회 구성원으로 살아가는 한, 우리는 사회적으로 인정되는 정체성을 '나'로 여기고 살아갑니다. 그러나 우리 안에는 또 다른 '나'가 몇 명이나 숨어 있습니다. 경우에 따라서 어떤 '나'는 속해 있는 사회나 인간관계에 따라 악령으로 보일지도 모릅니다.

악령이 된 인격이 실수하거나 남에게 폐를 끼치면, 우리는 쉽게 스스로를 탓하거나 자기부정에 빠집니다. 자신이 여러 명의 작은 '나'로 이루어졌다는 걸 잊고, '역시 나는 안돼.', '내가 너무 싫어.'라며 자기를 괴롭히고 말죠.

그러나 악령이 된 '나' 역시 자신을 구성하는 소중한 일부입니다. 나 같은 건 형편없다며 전체를 통틀어 단죄하고 싶은 마음이 든다면 꾹 참고, 악령을 소중한 친구로 여겨 보면 어떨까요?

소중한 친구라면 실수를 저질렀어도 무턱대고 탓하지

않을 거예요. 조금 폐를 끼쳤다고 따돌리지도 않을 테죠. 친구가 지쳐 보이면 곁을 지키고, 괴로워하면 다정하게 말을 걸지 않을까요.

내 속에 악령이 생긴 건 말하자면 소중한 친구가 곤란에 빠진 것과 같습니다. 친구를 걱정하는 마음으로 내 마음에 귀를 기울여 봅시다. 나를 다정하게 대한다는 건 바로 이런 거예요.

살아 있는 한 우리는 스스로에게서 도망치지 못합니다. 내 안에 작은 우리를 악령으로 만들지 않기 위해 그들이 목소리 내고, 쉴 수 있는 자리를 만들어 줍시다.

저는 잘 의식을 통해 저와 그런 식으로 어울리는 방법을 배웠습니다. 내 안의 수많은 나와 탈 없이 지낼 수 있다면, 분명 다른 사람과도 적당한 거리를 두며 어울릴 수 있을 겁니다.

우리를 절망에서 구하는 힘

사람이 절망을 느끼는 상황은 크게 두 가지가 있습니다.

하나는, 다른 가능성이 존재하는데도 정신적으로 힘든 탓에 그 가능성을 보지 못하고 절망하는 상황입니다. 시험에 떨어졌거나, 애인과 헤어졌거나, 업무 실수를 저질렀거나, 왜 살아야 하는지 모르겠다는 고민이 이에 속합니다. 본인에게는 심각하지만, 기분과 행동에 따라 다른 현실을 만들 수 있는 상황이죠.

다른 하나는, 다른 가능성이 거의 존재하지 않는 상황입니다. 불치병, 사랑하는 사람의 죽음 같이 기분이나 행동을 바꾸는 것만으로 다른 현실을 만들기 어려운 처지에 놓이는 거죠. 이럴 때 사람은 마음을 마비시켜 무감각하게 만들거나, 살아갈 기력을 잃고 자포자기하고는 합니다.

이를 뚜렷이 보여 주는 예시로 나치 독일이 세운 강제 수용소가 있습니다. 제2차 세계 대전 중 유대인이라는 이유로, 또 갖가지 이유로 사람들을 잡아 가두었던 수용소이죠. 인간으로서의 존엄성을 송두리째 빼앗기고 가혹한 노동에 던져지며 심지어 죽음의 위협이 늘 도사리는 곳입니다. 그 속에서 많은 사람이 삶의 희망을 잃고 몸과 마음이 쇠약해져서 목숨을 잃었습니다.

● 상상을 가둘 감옥은 없다

에밀 아자르라는 필명으로도 유명한 프랑스 작가, 로맹 가리는《하늘의 뿌리》라는 소설을 남겼습니다. 이 소설에 제2차 세계 대전 중 독일군의 수용소를 무대로 한 이야기가 등장합니다. 포로가 된 프랑스 군인들은 풀이 죽은 상태로 자포자기한 나날을 보내죠.

그러던 어느 날, 리더인 로베르가 자신의 병사들 앞에서 귀부인에게 팔을 빌려 주는 듯한 동작을 보입니다. 로베르는 침대까지 이동하더니 보이지 않는 그 여성에게 앉으라는 듯한 몸짓을 하죠.

병사들은 대체 왜 저러나 하며 흥미롭게 지켜보지만, 로베르는 아랑곳하지 않습니다. 그때 동료 중 하나가 바지를 내리고 가려운 곳을 긁기 시작합니다. 그러자 로베르는 "몸가짐을 조심하지 못하겠나. 부인이 보고 계시잖아."라고 말합니다. 남자는 "대체 부인이 어디 있는데요?"라며 의아해하죠.

로베르는 상관하지 않고 다시 보이지 않는 부인 곁으로 돌아가 그 손에 입을 맞췄습니다. 그러더니 모두를 둘러보며 이렇게 말합니다.

"오늘부터 제군들의 생활을 바꾸도록. 제일 먼저 이유도 없이 훌쩍거리는 일은 그만둔다. 부인이 보는 앞에서 신사답게 행동하도록 모두 노력해."

"이렇게 냄새 나는 곳에서 부인은 하루도 견디지 못할 거다."

"모두들 훌륭하고 품격 있게 행동하도록. 부인 앞에서 방귀를 뀌어 대는 무례를 범한다면 누구든 내가 가만두지 않을 거다."

처음에는 다들 이게 무슨 소리인가 싶었지만, 이내 로베르가 하려는 말을 이해했습니다. 스스로를 지키기 위해서는 품위를 지키도록 하는 규칙이 필요했습니다. 그러지 않으면 독일군에게 협력할지도 모를 정도로 모두가 한계에 몰린 상태였던 겁니다.

병사들은 로베르를 따라 방에 귀부인이 있다고 상상하며 부인에게 부끄럽지 않게 행동하려고 노력했습니다. 부인이 옷을 갈아입을 때는 방 한쪽에 담요를 걸어 남자들의 시선이 닿지 않게 했습니다. 낮에는 부인을 위해 꽃을 꺾었습니다. 부인의 마음을 사기 위해 재치 있는 말을 골라 했습니다. 그러자 우울했던 병사들의 얼굴에 생기가 돌기 시작했습니다. 더러웠던 방도 몰라보게 청결해졌고요.

수용소를 감시하던 독일군도 포로들의 변화를 알아차렸습니다. 특히 소장은 이 사태를 심각하게 받아들였습니다. 수용소의 기능은 포로의 신체적 자유를 빼앗는 것뿐 아니라, 사기를 꺾는 것도 있으니까요. 그러나 부인이 있는 한 프랑스군의 사기는 꺾이지 않았습니다. 설령 상상력으로 만든 존재에 불과하더라도 말이죠.

소장은 프랑스 병사들에게 여자를 내놓으라고 요구했습니다. 병사들은 경악했지요. 그러나 로베르는 동요하지 않았습니다. 소장이 나치 친위대까지 이끌고 감방에 들이닥쳤지만, 로베르는 어디까지나 차분했습니다. 상상 속 여성을 붙잡을 수는 없는 노릇이니까요. 소장은 아무런 손을 쓸 수 없었습니다.

결국 로베르는 독방으로 끌려가 엄한 감시를 받습니다. 그런데 로베르는 그 좁은 독방에서 수백 마리의 코끼리 무리가 아프리카 대지를 끝없이 달리는 광경을 상상했습니다. 어떤 울타리도, 가시철사도 자유롭게 질주하는 코끼리 대군 앞에서는 무력했습니다….

물론 이는 소설 속 이야기입니다. 그럼에도 상상력은 한번 잃은 존엄을 회복할 만큼 거대한 힘을 지닙니다. 앞서 언급한 두 종류의 절망 가운데 더 가혹한 두 번째 절망에서도 자신을 구할 수 있도록 돕는 게 상상력입니다. 상상력은 남이 빼앗지 못하죠. 독일군이 아무리 폭력을 동원해도 프랑스 병사들이 상상으로 만들어 낸 부인은 끌고 가지 못하고, 로베르의 머릿속에서 대지를 자유롭게 질주하는 코끼리 무리를 멈추지 못합니다.

● 인생에 의미가
있느냐고 묻는 대신

이름난 정신과 의사이자 유대인인 빅터 프랭클은 아우슈비츠 같은 강제 수용소에서 어떤 사람이 살아남았는지를 연구했습니다. 프랭클 본인도 수용소에서 살아 돌아온 사람이죠. 그 경험을 바탕으로 《죽음의 수용소에서》라는 책도 남겼습니다.

"더 이상 인생에 기대할 수 있는 것이 무엇도 없다."

프랭클에 따르면 수용소에 보내진 유대인 대부분이 이렇게 생각했다고 합니다. 이어서 프랭클은 이렇게 말합니다.

"이때 필요한 건 생명의 의미에 관해 질문하는 관점을 바꾸는 것이다. 다시 말해 인생에서 우리가 무엇을 기대할 수 있느냐의 문제가 아니라, 인생이 우리에게 무엇을 기대할 수 있느냐의 문제로 말이다. 우리는 이를 배우고, 절망한 인간에게 가르쳐 줘야 한다."

이런 말도 남겼습니다.

"당신이 인생에 절망해도, 인생은 당신에게 절망하지 않는다."

프랭클이 말하는 '생명의 의미에 관해 질문하는 관점을 바꾸는 것'은 무슨 의미일까요? 이는 우리 자신을 인생에 건 기대를 모조리 빼앗긴 수동적인 존재로 보는 게 아니라, 인생이 우리에게 기대하는 바가 무엇일지 생각하며 능동적으로 의미를 채워 나가는 존재로 여기자는 것입니다.

프랭클은 절망적인 상황에서도 존엄을 갖추는 태도가 이루어 내는 가치가 있다고 주장했습니다. '태도 가치'라고 부르는 이것을 홀로코스트에서 살아남은 대부분이 지니고 있었다고도 말했죠. 인생이 이러한데 과연 살아갈 의미가 있느냐고 묻는 게 아니라, 인생에 의미가 생기는 상황을 스스로 만들어 낸 겁니다.

《하늘의 뿌리》에서도 프랑스 병사들은 부인에게 뭔가를 기대하는 것이 아니라 부인이 그들에게 기대하는 것을 보여 주려 했습니다. 존엄을 잃지 않고 예의 바르게 행동하는 것이죠. 이런 마음가짐은 절망에 무너지지 않고 오늘을 살아가는 힘으로 이어집니다.

● 걸맞은 사람이 되고 싶다는 마음

이집트 사막 동굴에 사는 수도사를 찾아간 적이 있었는데, 그때 《하늘의 뿌리》가 떠올랐습니다. 기독교인이 아닌 제 눈에 그곳은 그저 아무것도 없이 텅 빈 사막 동굴일 뿐이었어

나

요. 그럼에도 수도사들이 그런 황량한 곳에서 청렴하게 살아갈 수 있는 이유는 무엇이었을까요?

그건 수도사들이 신이 언제나 그곳에 있다고 느끼기 때문입니다. 《하늘의 뿌리》에서 프랑스 병사들이 상상으로 빚어 낸 부인에게 부끄럽지 않게 행동하려 했던 것처럼 신을 기쁘게 하겠다는 마음, 신을 모시는 이답게 살겠다는 마음가짐이 메마른 사막에서 지내면서도 곧은 마음으로 살도록 한 게 아닐까요.

그들이 믿는 신이 정말로 있는지 없는지 저로서는 알 수 없습니다. 그럼에도 수도사들과 함께 지내는 동안, 그들이 신을 마음에 두고, 그에게 어울리는 존재가 되고자 노력하였기에 척박한 곳에서도 자신을 다스리고 지탱할 수 있던 것이 아닐까 생각하게 되었습니다.

우리는 누구나 두 번째 절망 한가운데 있습니다. 인간은 누구나 죽는 존재니까요. 아무리 내 행동을 바꿔 보아도 언젠가 죽음이 찾아온다는 현실은 바뀌지 않습니다. 그런 의미에서는 누구나 수용소에서 시간을 보내는 것입니다.

그렇다면 이 사실을 어떻게 받아들이면 좋을까요? 사람들은 철학이나 종교를 비롯한 갖가지 방식으로 지혜를 구하며 이를 고심해 왔습니다.

프랭클은 이 질문에 대한 답의 하나로 '태도 가치'를 이야기했습니다. 주어진 것에 따라서가 아니라 '무언가에 어울리는 존재로 있으려는 태도'를 통해 실현하는, 그 누구도 빼앗을 수 없는 가치로 말입니다.

다만 혼자서는 이를 실현할 수 없습니다. 프랑스 병사들의 부인, 이집트 수도사들의 신처럼 그 존재에 걸맞은 모습으로 있고자 하고, 그를 기쁘게 하고 싶다는 생각을 불러일으키는 누군가가 필요합니다. 그런 타인을 마음속에 상상하고 품는 것으로 사람은 절망이라는 멍에로부터 풀려날 수 있죠. 여러분에게도 그런 존재가 있나요? 있다면 누구인가요?

2장

효율을 버려야
진짜 대화가 시작된다

'모른다는 것'이 지상을 선명한 색채로 물들입니다.
사람의 마음을 속속들이 알아 버리는 천사는
세상을 물들이는 풍부한 색채를 볼 수 없습니다.

서로에게 열려 있는 대화

1980년대 핀란드에선 정신적으로 어려움을 겪는 환자들이 '대화'를 나눌 때 증상이 나아진다는 걸 알아냈습니다. 환자와 의사가 일대일로 대화하는 것이 아니라, 가족이나 여러 의료인이 섞여 열린 대화의 장을 마련해서였죠. 이 방법을 '열린 대화(오픈 다이얼로그)'라고 부릅니다. 약을 먹지 않아도 치료 효과가 착실하게 나타나서 제가 사는 일본에서도 조금씩 활용하는 추세예요.

열린 대화에 꼭 이래야 한다는 매뉴얼은 없습니다. 오히려 따라야 할 규칙을 만들지 않고 치료자와 환자, 전문가와 일반인 같은 구분 없이 수평적인 관계에서 대등한 처지로 대화를 이어 나갑니다.

기초가 되는 개념은 있습니다. 예를 들어 결론 내리는 걸 대화의 목적으로 삼지 않는다, 모호함을 견딘다, 다양한 의견을 그대로 받아들이고 정리하려고 하지 않는다, 계획을 세우지 않는다, 개인이 아니라 팀으로 한다, 그저 대화를 이어간다 같은 것이죠.

이런 설명만으로는 금방 감을 잡기 어려울 거예요. 왜 이런 대화가 치료로 이어지는지도 의문스러울 수 있겠죠. 저는 열린 대화를 공부하다가 일본의 민속학자 미야모토 쓰네이치가 쓴 《잊힌 일본인》이라는 책에서 비슷한 것을 발견했습니다. '마을 회합'이라는 것이었죠.

◗ 모두가 이해하고
　 받아들일 때까지

1950년대, 미야모토가 조사를 위해서 일본 쓰시마섬의 한 마을을 방문했을 때의 일입니다. 미야모토는 예전에 촌장이었다는 노인의 이야기를 듣다가, 마을에 예로부터 전해지는 장부함이 있다는 걸 알게 됩니다. 그리고 그 안에 지역의 중요한 문서가 들어 있다는 것도 말이죠.

미야모토는 허락을 받아 장부함 속 문서를 하룻밤에 걸

쳐 옮겨 적습니다. 다만 여행의 피로로 지친 탓에 속도가 나지 않았죠. 그래서 노인에게 "혹시 이 문서를 한동안 빌려주실 수 있을까요?" 하고 부탁합니다.

노인은 촌장을 맡고 있는 아들에게 가능할지 물었습니다. 아들은 그런 문제는 마을 회합에 부쳐 모두의 의견을 들어야 한다며 밖으로 나섰습니다. 그런데 아무리 기다려도 돌아오지 않았죠. 기다리다 지친 미야모토는 회합을 한다는 장소로 직접 찾아갔습니다.

가 보니 스무 명 정도가 자리에 앉아 있고, 방 밖에서도 삼삼오오 모여 대화를 나누고 있었습니다. 마을 회합에서는 다양한 협의가 이루어지는데, 모두가 이해하고 받아들일 때까지 밤낮 가리지 않고 대화를 계속한다고 했습니다. 심지어는 몇 날 며칠이나 이어진다고도요.

다양한 주제가 거론되는 와중에 미야모토의 고문서 이야기도 이따금 화제에 올랐습니다. 그러나 이야기는 어떤 결론으로 곧장 흘러가지 않았습니다. "마을의 중요한 서류니까 다 같이 대화를 나눠 보지."라더니 금세 다른 이야기로 옮겨 갔지요. 이윽고 다시 고문서 이야기가 나왔습니다. "보여 주는 게 도움이 된다면 괜찮지 않을까?"라고 누군가 말하자, "그러고 보니 집에 보관해 뒀던 물건을 눈썰미 좋은 사람에게 보여 줬더니 좋은 일이 생겼어."라는 식으로 또 잡담이 끼어들었고 이야기는 다시 옮겨 갔습니다.

대화는 어떤 화제가 불쑥 떠오르면, 저마다 떠오르는 잡담을 거드는 식으로 계속 이어졌습니다. 어느 정도 시간이 지나자, 한 노인이 "이 사람도 보아하니 나쁜 사람은 아닌 거 같으니 이쯤에서 그만 정하면 어떻겠나?"라고 말했습니다.

그때 미야모토가 고문서에 나오는 고래 사냥 이야기를 꺼내자, 마을 사람들은 다시 고래를 잡던 시절 이야기를 한바탕 쏟아 냈습니다. 그렇게 다시 한 시간 정도 지났을 무렵, 미야모토를 안내한 노인이 "어떤가, 모처럼 이렇게 됐으니 빌려줘도 되지 않겠나?"라고 사람들에게 제안했고, 촌장이 "제가 책임을 질 테니까요."라고 말했습니다. 그렇게 미야모토는 차용증을 쓰고 간신히 고문서를 건네받았습니다.

◖ 대화의 목적은 결론이 아니다

어떻게 보면 참 느긋하고 비효율적으로 보입니다. 지루하기 짝이 없다고 비난을 받기도 하는 일본의 긴 회의 문화가 여기에 뿌리를 두고 있는 게 아닌가 하는 생각도 들었어요. 그러나 책을 쓴 미야모토는 "회합의 정경이 눈동자에 깊이 새겨졌다."고 적었습니다.

미야모토에 따르면 일본 여러 지역에서 예부터 이런 마을 회합이 있었다고 해요. 언뜻 느슨해 보이지만, 이 회합에는 누구도 억울하고 원통한 일 없이 문제를 해결하려는 지혜가 가득 담겨 있습니다.

"시간이 오래 걸리더라도 억지로 진행하지는 않는다. 모두가 받아들일 때까지 대화를 나눈다. 그러다 결론이 나오면 이를 확실하게 지킨다."

회합의 자리에선 신분의 상하 관계를 따지지 않습니다.

"마을 사람들이 모이면 우선 촌장에게 이야기를 듣는다. 그다음 저마다 지역별로 충분히 대화를 나누고 결론을 내리면 촌장에게 전한다. 만약 의견이 알맞게 조절되지 않으면 다시 무리로 돌아가 대화를 나눈다. 용건이 있는 사람은 집에 돌아가기도 한다. 단, 대표인 촌장은 청자이자 관리자 역할로 자리를 지켜야 한다."

이야기를 나누는 내용도, 시간 분배도 임기응변입니다.

"이야기를 나눈다지만 조리 있지는 않다. 한 가지 사안을 놓고 자기가 아는, 관련 있는 사례를 거론한다."

"오늘처럼 논리만으로 논의가 정리되지 않는 경우도 많았으리라 예상할 수 있다. 그럴 때는 자신들이 살아오면서 체험한 일에 빗대어 말해야 다른 사람도 이해하기 쉬울 테고, 말하는 쪽도 설명하기 편할 것이다."

"이야기하는 도중에 식히는 시간을 두고, 반대 의견이 나오면 나오는 대로 한동안 둔다. 그러다 찬성 의견이 나오면 또 마음껏 말하게 두고, 다 같이 생각을 정리한 뒤 최고 책임자에게 투표로 정하도록 한다. 이러면 좁은 마을에서 매일 얼굴을 맞대고 사는 사이에 불편해지는 일이 줄어들 것이다. 동시에 회합에 권위가 있다는 걸 알 수 있다."

마을 회합은 치료가 아닙니다. 그렇지만 문제에 접근하는 방식은 열린 대화의 원칙과 이어지는 면이 있습니다. '한동안 그대로 두기'나 '나오면 나오는 대로 두기' 같은 것 말이죠. 결론 내기를 목표로 대화를 조절하려고 하거나 다양한 의견을 하나로 정리하지 않고 모호한 상태를 그대로 두는 면과 맞닿아 있으니까요.

사람이 대화를 나누다 보면 자연스레 긴장이 생깁니다. 그런 긴장을 각자 내면에서 풀 수 있게 참을성을 갖고 기다립니다. 결론 내는 걸 목적에 두지 않고, 권위에 순종해 일을 처리하지 않으며, 객관적인 자료에 근거해 판단을 내리지도 않습니다. 회합 참가자 한 명 한 명이 이해하고 받아들일 때까지 느긋하게 대화를 나눕니다. 마구 분위기를 몰아 억지로 해결하지도 않습니다. 밥을 먹고 싶으면 먹고, 지치면 눕고, 졸리면 자기도 하면서 무리하지 않고 세상 돌아가는 이야기를 나누다 보면, 어느새 문제는 문제가 아니게 됩니다. 그러

나

다가 결과적으로 문제가 해결되는 게 아닐까요.

● 감춰진 것을
   감춰진 채로 둔다

미야모토는 같은 책에서 노인들만으로 이루어진 회합에 관해서도 소개합니다.

소지주와 소작인 사이에 벌어진 분쟁에 애를 먹던 지인에게 예순이 넘은 노인이 이런 말을 했습니다.

"하나하나를 놓고 보면 옳은 일만 하고 산 사람은 없어. 3대쯤 거슬러 가면 반드시 나쁜 짓을 했던 사람이 나온다고. 서로 양보하는 것도 필요해."

그 마을에선 예순 살이 되면 노인 모임에 들어간다고 해요. 모임원들은 때때로 모여 마을 내에 감춰진 이런저런 문제를 두고 대화했죠. 감춰진 문제 중 좋은 것은 없습니다. 집집마다 부끄럽게 여길 만한 일들이죠. 그런 문제를 다들 꺼내어 얘기하는 겁니다. 다만, 노인 모임 밖에서는 절대 나왔던 이야기를 꺼내지 않았습니다. 사람들은 노인들이 그런 대화를 나누는 것 자체를 몰랐어요.

노인의 조언을 들은 지인은 회합 자리에서 저마다 자기 주장만 내세우느라 바쁠 때 이렇게 발언했습니다.

"여러분, 가슴에 손을 얹고 생각해 봤을 때 '나는 아주 떳떳하다. 내 부모도, 내 조부모도 한 점 부끄러움이 없다. 우리 가문의 토지는 한 점의 부정행위도 없이 손에 넣은 것이다.'라고 자신 있게 말할 수 있는 분이 있다면 한번 나와 보십시오."

그러자 지금껏 거칠게 목소리를 높이던 사람들이 입을 꾹 다물었습니다.

'감춰진 문제'는 노인 모임에서만 공유되어 밖으로 나갈 일 없이 한동안 감춰진 채로 남겨집니다. 문제를 들추어 죄나 책임을 묻지 않고, '혼자 가슴에 손을 얹고' 생각하면 누구나 남에게 말할 수 없는 켕기는 구석이 있다는 걸 생각하며 인간의 약점을 공유하는 겁니다.

이것은 '열린 대화'와도 통하는 자세입니다. 여기서 열린 상태는 뭐든지 투명하게 공유하는 게 아닙니다. 감춰 두고 싶은 것, 말할 수 없는 것, 당사자 내면에서 아직 소화되지 않은 것은 겉으로 드러내지 않습니다. 그런 구석을 품고 있는 개개인을 우선 받아들이는 겁니다. 약점을 잡는 것과 약점을 받아들이는 것은 근본적으로 다릅니다. 첫째로 서로의 약점을 받아들이는 것, 그것이 열린 대화의 기초이자 토대입니다.

나

다른 사람의 생각을 전부 안다면

상대방이 무슨 생각을 하는지 모를 때, 우리는 불안해집니다. 오래 대화를 나누더라도 점잔 빼는 말만 주고받는다면 어딘지 허무할 거예요. 말이나 표정 뒤에 감춰진 본심을 모르기 때문입니다.

자, 그렇다면 본심을 알게 되면, 우리는 서로 이해할 수 있을까요? 상대방이 무엇을 느끼고 무엇을 생각하는지, 속으로 중얼거리는 말까지 전부 들린다면 어떨까요?

●   **천사는 내면의**
           속삭임을 듣는다

사람의 속마음이 들리는 능력자를 다룬 소설이나 영화는 꽤 많습니다. 1987년에 나온 독일 빔 벤더스 감독의 〈베를린 천사의 시〉도 그런 영화입니다. 차이점이라면 내면의 속삭임을 듣는 이가 사람이 아닌, 천사라는 점입니다.

독일이 동서로 분단되었던 시대의 서베를린. 빌딩 위에서 두 천사가 도시를 내려다보고 있습니다. 등에 날개가 희미하게 자랐지만, 외모는 지쳐 보이는 중년 남성들입니다. 사람들 눈에는 천사의 모습이 보이지 않습니다. 아이에게는 보이는 듯하지만, 자의식이 생기기 시작하면 더는 보이지 않고 천사를 봤던 기억도 잃지요.

천사가 하는 일은 마음의 소리를 듣는 것입니다. 집에서 홀로 머리를 감싸고 있는 젊은이의 속마음, 고독한 노인의 중얼거림, 지하철 승객들의 생각, 운전 중인 남자의 혼잣말. 불평과 불만, 기쁨과 감사, 후회와 한탄을 듣습니다. 조각나 있고 종잡을 수 없는 내면의 목소리에 천사들은 귀를 기울입니다.

천사는 오로지 들을 수만 있습니다. 빌딩에서 몸을 던지려는 젊은이의 혼잣말을 들어도, 그를 막지는 못합니다. 마지막 순간까지 옆을 지키며 혼란스럽게 내뱉는 말을 듣고 최후를 지켜봅니다. 천사는 그렇게 시간을 초월해 영원한 시간을 살아왔습니다.

그런데 다미엘이라는 천사가 마리온이라는 여성을 사랑하게 됩니다. 마리온은 서커스단에서 일하는 공중 곡예사였어요. 천사인 채로 있으면 다미엘은 사랑하는 마리온이 속으로 내뱉는 혼잣말을 들을 수 있습니다. 그러나 천사의 모습은 마리온에게 보이지 않으니 다미엘의 존재를 알아차리는 날은 영원히 오지 않습니다. 직접 대화도 나눌 수 없지요. 그리하여 다미엘은 천사로서 살기를 포기하고 지상으로 내려가 인간이 되기로 결심합니다. 인간이 된다는 건 육체를 갖고 유한한 삶을 사는, 즉 언젠가 죽어야 하는 존재가 되는 것인데도 말입니다.

인간이 되어 지상에 내려간 다미엘은 온 세상이 색채로 가득하다는 걸 깨닫습니다. 천사였을 때 세계는 그저 흑백이었습니다. 세상이 이토록 다양한 색으로 채워진 것을 보며 다미엘은 흥분에 휩싸입니다. 또 처음으로 사람의 눈에 자신이 보이는 경험을 합니다. 사람들이 자기 존재를 인식하고 말을 걸었죠. 사람들에게는 당연한 행위가 다미엘에게는 신선하기만 했습니다. 그러나 그 대가로 잃은 것이 있었습니다. 바로 마음속 소리가 들리지 않았다는 겁니다.

상대방이 무슨 생각을 하는지 알 수 없다는 것. 이는 보통 불안을 일으키는 씨앗이 됩니다. 다만 인간이 된 다미엘에게는 아니었습니다. 더는 마리온의 마음속 생각이 들리지 않지만, 상대방의 기분을 알고 싶으니 대화를 나눕니다. 대화로 알 수 없으면 몸짓이나 표정으로 서로의 생각을 전합니다. 모르기에 상대와의 관계가 살아 움직입니다. 인간 세계에선 내적 독백이 아닌, 대화가 이루어집니다.

지상에 내려온 다미엘은 이렇게 말합니다. "나는 이제 안다. 그 어떤 천사도 모르는 것을." 모르기에 사랑할 수 있고, 모르기에 한탄하고 놀라고 기쁘고 화낼 수 있습니다. '모른다는 것'이 지상을 선명한 색채로 물들입니다. 사람의 마

음을 속속들이 알아 버리는 천사는 세상을 물들이는 풍부한 색채를 볼 수 없습니다.

● **"네가 무슨 말을
하고 싶은지 알겠어."**

의사소통할 때 가장 방해가 되는 장벽은 상대방을 '잘 안다'고 여기는 것입니다. 모르는 사람을 대할 때는 인내심과 알고자 하는 적극적인 마음이 필요합니다. 그래서 우리는 종종 '이 사람은 이런 사람'이라고 여기며 잘 아는 대상으로 다루려 합니다. 그 끝은 독백의 세계에 갇히는 것이죠.

대화 도중 "네가 무슨 말을 하고 싶은지 알겠어."라고 말하는 건, 상대방의 말을 더는 듣고 싶지 않다는 마음의 표현입니다. 정말 알아서가 아니라 '알기 싫다.', '더는 듣고 싶지 않다.', '흥미 없다.'는 의사 표현일 때가 더 많지요.

거만한 말투가 아니더라도 고민을 상담하고 있는데 "네 기분은 잘 알겠어."라는 소리를 들으면 상황에 따라 발끈하는 마음이 생기기도 합니다. 물론 상대의 이해를 바라고 털어놓았지만 너무 쉽게 공감하면 "어떻게 그리 쉽게 안다고 그래?" 하고 반발하고 싶어져요.

사람과 사람은 아무리 애써도 결코 서로를 완벽히 이해

할 수 없습니다. 이것이 커뮤니케이션, 즉 의사소통의 중요한 전제입니다. 사람 관계에서는 어느 한쪽이 "알았어."라고 말하는 순간 소통이 끝납니다. 이 말은 나의 기준으로 상대의 내면을 짐작하고 그 이미지를 고정하는 것입니다.

반대로 알지 못하는 것, 미지의 대상이라고 생각하면 소통은 이어집니다. 내게는 보이지 않는 세계가 상대에게는 보인다고 느낄 때 사람은 겸손해집니다. 겸손해진다는 건 상대가 비밀로 남겨 두고 싶어 하는 것을 부러 캐내지 않는 것이기도 합니다. 상대의 마음속을 멋대로 상상해 '이런 거잖아?' 하고 판단하지 않고, 그대로 두는 거죠. 상대의 내면을 읽지 않는 것은 상대의 존엄성을 지키는 것입니다.

◗ 혼자서는 진짜 마음을 알 수 없다

〈베를린 천사의 시〉에서 천사는 사람 내면의 목소리를 들을 수 있었습니다. 그런데 그 혼잣말이 정말 그 사람의 본심일까요?

본심은 땅에 묻힌 보물처럼 마음 깊숙이 묻혀 있는 게 아닙니다. 오히려 사람과의 관계나 오가는 대화 속에서 서서히 드러나는 것입니다. 관계의 성질에 따라, 대화의 진행에 따라 본심도 바뀝니다. 혼자 있을 때 마음에 떠오르는 생각을 반드시 본심이라고 하긴 어렵죠.

빌딩 위에서 뛰어내린 청년은 알고 보면 자신의 본심을 알지 못해 그런 끝을 맞이한 것일지 모릅니다. 천사라도, 독심술을 할 줄 아는 사람이라도, 대화를 나누지 않으면 상대방의 깊은 본심을 알 수 없습니다. 그러니 다미엘이 인간이 된 것 아닐까요?

천사는 우리 내면의 혼잣말을 듣습니다. 이건 꼭 이야기 속에서나 벌어지는 일이 아닙니다. 우리 모두의 내면에도 마음속 목소리를 늘 듣는 이가 있습니다. 바로 자기 자신입니다.

여러분의 마음속에서 속삭이거나 중얼거리거나 한탄하거나 저주하는, 목소리로는 나오지 않는 말들. 평소에는 의식하지 않아서 떠올랐다가 사라지고, 샘솟았다가 흘러가는 그 말들을 천사처럼 들을 수 있는 사람이 바로 여러분인 거예요.

한번 눈을 감고 한동안 가만히 앉아 있어 보세요. 여러분의 의지와는 별개로 내면에서 말이 자꾸자꾸 샘솟는 걸 알아차릴 수 있습니다. 내 의지로 생각하는 건지, 그저 알아서 샘솟는 건지는 우리 자신도 잘 모르죠. 내적 독백이란 불분명합니다.

그런 마음속 중얼거림을 천사가 된 듯 들어 봅시다. 절대 판단하려 들지 말고, 또 그에 끌려가지 말고, 그저 귀를 기울이는 겁니다. 독백이 잠시 진정된 틈에 "대체 뭐였을까?" 하고 질문해 봅시다. 그러면 나만의 독백이 천사를 사이에 둔 대화로 바뀝니다. 내가 무슨 생각을 하는지 천사가 된 것처럼 들어 줍시다. 그 순간 나와의 관계도 분명 새롭게 움직일 거예요.

대화의 공간을 만들려면

대화對話, dialogue란 무엇일까요? 회화会話, conversation나 의논議論, discussion과는 무엇이 다를까요? '영어 회화'라는 말은 써도 '영어 대화'라는 말은 어색하죠.(이때 회화는 '만나서 다정하게 대화한다'는 의미다. 한국에서는 예시 문장처럼 외국어 회화를 떠올리기 쉬운데, 이 책에서 말하는 회화는 '화기애애한 담소'와 같은 의미로 이해하면 된다.—옮긴이) '대화가 잘 통한다.'라고는 해도 '회화가 잘 통한다.', '의논이 잘 통한다.'라고 하지는 않습니다. '의논에서 이기다.'라고는 해도 '대화에서 이기다.', '회화에서 이기다.'라고는 하지 않고요.

그럼 한번 회화가 무언지부터 살펴볼까요.

● '회화'는 하모니

'회화'는 아는 사람끼리, 혹은 함께 자리한 사람끼리 편하게 나누는 이야기입니다. 한가롭고 즐겁게 회화를 나눌 때는 농담을 섞기도 하면서 끊기는 일 없이 캐치볼처럼 말을 계속 주고받습니다.

음악에 빗대면 하모니, 즉 조화입니다. 함께 마음을 맞춰 속도를 높이거나, 늦추거나, 풍성하게 만들죠. 그 결과로 관계가 깊어지기도 하고 친밀도가 높아지기도 합니다. 그러려면 각자의 악기인 캐릭터가 정해져 있는 편이 좋습니다.

캐릭터가 확실하면 자연히 기대하는 역할도 정해지고, 의사소통도 쉬워집니다. 리더십이 필요한 역할, 부추기는 역할, 분위기를 만드는 역할 등 오케스트라처럼 저마다의 역할이 정해지면 하모니가 수월하게 생깁니다.

일본에는 '보케'와 '츳코미'가 함께 하는 2인 만담이 있습니다. 보케는 일반적인 상식에서 벗어난 소리를 하고 츳코미는 상식과 논리 쪽에 서서 잘못된 점을 지적하는 역할입니다. 보케를 그냥 내버려 두면 한없이 늘어져서 김이 빠지지만, 상대가 따지고 들어가면 리듬과 웃음이 생깁니다. 회화가 활기를 띨 때는 의식하지 못하는 사이에 보케와 츳코미 같은 긴장과 이완의 리듬이 생깁니다.

'의논'은 서로 지적하기

한편 '의논'은 이야기에 참여하는 모두가 츳코미, 즉 지적하는 역할입니다. 특정 주제를 두고 저마다의 주장을 펼치며, 상대편 주장에서 의문점을 캐묻지요. 회화와 달리 그저 즐겁기만 해서는 안 되고, 어떤 결론에 도달해야 합니다. 또한 상대방이 내 정당함을 인정토록 해 승패를 가리는 '토론'도 있습니다.

예를 들어 트위터 같은 SNS 세계에는 츳코미가 가득합니다. 다만 대부분 의논이 이루어지지 않습니다. 의논이나 토론은 자신의 주장을 뒷받침할 근거를 밝히며 논지를 논리적으로 펼쳐야 합니다. 그러려면 자신이 쓰는 용어의 의미를 명확하게 하고, 동시에 상대가 말에 담은 의미를 이해해야 합니다. 그런데 SNS에서는 누군가의 사소한 말꼬리를 잡고 늘어지다가 끝나기 쉬워요.

참고로 SNS에서는 보케와 츳코미 관계가 잘 보이지 않습니다. 보케와 츳코미는 서로 아는 사이거나, 같은 자리를 공유한 사람들이어야 성립됩니다. 익명의 사람끼리 잘 모르는 관계에선 그런 합이 만들어지기 어렵습니다.

● 방에 코끼리가 있어!

그러면 '대화'란 무엇일까요. 회화는 아는 사람끼리, 혹은 마침 한자리에 있는 사람끼리 이루어지는 수다라고 했습니다. 이와 달리 가치관이 서로 다른 사람끼리 나누는 것이 대화입니다. 논의나 토론과 다른 점은, 반드시 결론을 내려야 한다거나 어느 쪽이 옳은지 가리는 것을 목적으로 두지 않는다는 거예요.

서로 간의 공통점을 축으로 삼아 이야기는 나누는 회화와 달리, 대화는 서로 다른 점을 축으로 삼아 이야기를 해 나갑니다. 같은 것을 보아도 상대에게는 보이고, 내게는 보이지 않는 것이 있습니다. 또 내게는 보여도 상대에게는 보이지 않는 것이 있습니다. 서로가 보는 세계의 차이점에 주목하고, 이를 함께 탐구하려는 자세로 이야기하는 것이 대화입니다.

즐겁게 회화를 나누다 보면 왠지 모를 위화감이 들 때가 있습니다. 자기 캐릭터에 주어진 역할을 철저하게 연기하면, 회화는 원만히 흘러가고 분위기가 즐거워집니다. 그 분위기를 망치지 않기 위해 싱글싱글 웃거나 괜한 말을 하지 않으려 입을 다문 적도 있을 거예요. 이러려면 한편으로는 자기 속의 어떤 마음을 못 본 척해야 하는데, 이 말로 표현할 수 없는 마음이 가슴 속에 앙금처럼 남습니다. 그런 경험, 혹시 해 본 적 없나요?

극단적인 예시이지만, 방에서 친구들과 이야기하는데 코끼리 한 마리를 봤다고 해 봅시다. 냉정하게 생각하면 방에 코끼리가 있을 리 없다는 걸 압니다. 같이 있는 사람들도 아무 말 없으니 코끼리가 보이는 건 자신뿐이라고 생각하겠죠. "코끼리가 있어!"라고 말하면 이상하게 보일 테니 코끼리가 보이지 않는 척하고 계속 수다를 떱니다.

일반적인 회화는 이런 식으로 이어집니다. 저마다의 시야에는 코끼리나 사슴, 멧돼지가 있을지 모르지만 그걸 못 본 척 계속 말을 이어 가고 그러다가 어느새 자신 안의 코끼리가 보이지 않게 됩니다.

만약 자기 안에서 코끼리의 존재감이 너무 커져서 참지 못하고 "이 방에 코끼리가 있어!"라고 말하면 어떻게 될까요. 순간적으로는 고요해질지 모릅니다. 친구들이 그 말을 무시할 수도 있겠죠.

회화는 멈추면 하모니가 무너집니다. 그런데 대화는 다릅니다. 대화는 오히려 끊어진 틈에서 시작됩니다.

대화다운 자세란, 상대의 말이 자기 이해력을 넘어서더라도 그걸 상대방의 마음속 현실로서 그대로 받아들이는 태도입니다.

"어, 코끼리가 보여!", "어디에?", "어느 정도 크기야?", "어쩌고 있어?" 같은 식으로 상대방에게만 보이는 세계에 관심을 기울입니다. 그걸 자기 상식의 잣대로 판단하거나 평가하지 않고, 우선 상대에게는 현실인 것으로 받아들이려고 합니다. 이게 대화다운 자세입니다.

저마다 다른 가치관을 지니고 살아가는 다채로운 세계에서 대화다운 자세는 더욱 중요합니다. 그러려면 먼저 코끼리가 있다고 말하더라도 아니라고 무시당하지 않는 안전한 자리가 필요합니다. 대화다운 대화를 하려면 어떤 역할을 담당하거나 캐릭터를 연기하지 않아도 안심하고 머무를 자리가 꼭 필요합니다.

● '대화'는 폴리포니

활기찬 회화는 음악으로 말하면 하모니라고 했습니다. 하모니는 저마다 맡은 소리가 겹치며 이어집니다. 끊기지 않고 비는 곳 없이 이어지면 주된 선율을 고조시킵니다. 이른바 교향곡처럼 말이죠.

한편 대화는 때때로 다성 음악, 즉 폴리포니에 비유됩니다. 폴리포니란, 각 파트가 자신만의 선율을 지니면서 특출난 소리 없이 모두의 소리가 대등하게 겹치는 음악 양식입니다.

주선율은 없고, 어디에 귀를 기울이느냐에 따라 음악이 달리 들리죠.

아프리카 정글에 사는 피그미 사람들의 음악을 상상하면 도움이 될 거예요. '밀림의 폴리포니'라고 불리는 피그미의 합창은 개별 리듬의 노래를 즉흥적으로 쌓아 올리는 독특한 구조를 지녔습니다.

처음 피그미의 합창을 들었을 때, 참 자유로운 음악이라고 생각했습니다. 보통 음악은 세련될수록 하모니를 망치는 음이나 소음처럼 들리는 소리는 배제합니다. 그런데 피그미의 합창은 중얼거림, 재채기, 혼잣말, 풀벌레 소리까지 자유롭게 들락날락거리도록 나둡니다. 복잡한 리듬을 겹쳐 쌓기도 하는데, 완벽히 조합되는 게 아니라 틈이 무수히 벌어집니다.

이는 피그미의 터전인 정글의 소리와 닮았습니다. 각종 동물과 새, 벌레 소리가 겹쳐서 들리는 정글 말이에요. 주선율은 따로 없고, 저마다의 생명이 나 여기 있다고 어필합니다. 생물들은 각자 목소리를 울릴 터전이 있습니다. 서로 배제하지 않고 일체화하지도 않습니다. 그것이 바로 대화의 공간입니다.

● 안전하게 상처 받기 위해
  대화가 있다

대화는 좋고, 회화나 의논은 안 좋다는 뜻이 아닙니다. 회화가 어울리는 자리도 있고, 의논이나 토론이 필요한 자리도 있습니다. 그러나 사람과 사람이 주고받는 말이 회화와 의논에만 머무르면 그 안에서 전하지 못하는 마음은 갈 곳을 잃습니다.

대화를 할 수 있는 공간이란, 자신이 느끼는 위화감을 안심하고 꺼내어 밝힐 수 있는 자리입니다. 공통점을 확인해 안전을 확보하는 게 아니라, 달라도 안전하다고 확인하는 자리입니다.

다만, 대화의 공간을 만드는 게 간단하지는 않습니다. 나라끼리 문제가 있거나, 분쟁을 조정해야 할 때 '대화가 필요하다'는 말을 자주 합니다. 그러나 실제로는 각자 이해관계나 지배, 피지배 등의 관계성 때문에 대화로 대립을 해결하기가 쉽지 않습니다. 서로 관계성이 굳어지기 전, 사소한 껄끄러움이나 막연한 위화감이 있는 단계에서 대화가 힘을 발휘합니다.

우리는 사는 동안 계속 대화의 공간에 머물 수 없습니다. 본의가 아닌 것을 받아들여야 할 때도 있죠. 어느 쪽이 옳은지 정해야만 할 때도 있습니다. 그 과정에서 상처를 받기도 하고요.

상처 받지 않으려고 대화하는 것이 아닙니다. 오히려 그 반대입니다. 서로가 안전하게 상처 받기 위해 대화가 있습니다. 사람은 상처 받지 않고서는 살아갈 수 없습니다. 산다는 것은 상처 받고 회복하는 과정의 반복입니다. 상처가 회복할 수 없을 정도로 깊어지지 않도록 우리는 대화를 이어나갑니다.

'불필요한 것'이 가르쳐 주는 것

영화나 드라마 같은 영상을 빠르게 돌려서 보는 사람이 늘었다고 합니다. 인터넷에 매일 셀 수 없이 많은 작품이 올라오니 하나하나 느긋하게 볼 시간이 없죠. 그래도 인기 있는 작품을 놓치기는 싫으니 몇 배속으로 빠르게 보거나, 흥미 없는 장면은 넘기면서 한정된 시간 내에 최대한 많은 작품을 보는 겁니다.

시간을 최소한으로 들이고, 효율적으로 요점만 확인하려는 욕구가 최근에서야 생긴 건 아닙니다. 80, 90년대에도 이미 속독법을 알려 주는 책부터 '한 권으로 배우는 ○○' 같

은 책이 인기였지요. 당시에도 비디오 재생 속도를 조정할 수 있는 기술은 있었지만, 화질과 음질이 무척 나빠졌습니다. 이와 달리 요즘은 영상이나 소리를 해치지 않고 얼마든지 재생 속도를 조절할 수 있습니다. 기술 발전으로 많은 배속 시청자가 생겨났죠.

◑ 말 없는 '사이'에 담긴 말들

빠르게 재생하더라도 대사가 사라지거나, 스토리가 달라지는 법은 없습니다. 영상을 잔뜩 봐야 하는 사람에게는 고마운 기능이지요.

　다만 영화나 드라마는 대사, 스토리만으로 이루어진 게 아닙니다. 풍경을 계속 비추는 장면, 대사가 없는 장면도 있죠. 아무 말이 없어도 그 침묵의 '사이'를 통해 등장인물의 내면 세계를 전달하기도 합니다. 배속 시청은 그런 '사이'를 줄여 없애 버립니다.

　그러면 어떤 일이 벌어질까요? 마치 음악을 배속으로 듣는 일과 같지 않을까요. 빠르게 들어도 연주하는 악기 종류나 가사 내용, 곡 구성은 알 수 있습니다. 그러나 그건 이미 음악이 아니죠. 왜냐하면 음악이 지닌 중요한 요소인 리듬이 무너지기 때문입니다.

　사람은 마음에 드는 리듬을 느끼면 자연스럽게 자기 몸을 움직여 동기화하려는 습성이 있습니다. 발을 쿵쿵 구르거나 상체를 흔드는 것처럼 거의 무의식적으로 일어나는 반응입니다. 이런 동기화는 감정이나 마음속에 떠오르는 이미지에도 영향을 미칩니다. 라이브 공연에서는 관객끼리 같은 감정을 공유하는 현상이 일어나기도 합니다. 그런 경험은 음악의 중요한 요소입니다.

　영화나 드라마에서 그런 동기화를 불러일으키는 게 무엇일까요? 대사나 스토리가 아닌 호흡이나 침묵, 대사와 대사의 '사이'나 풍경 묘사입니다. 그런 '사이'의 존재가 시청자의 몸이 등장인물의 내면이나 작품 세계관과 동기화되는 경험을 일으킵니다.

　어떤 인물이 수평선 너머를 오랫동안 말없이 바라보는 장면이 있다면, 시청자 역시 그 인물의 시선에 겹쳐 같은 시간 동안 수평선을 바라봅니다. 그렇게 타인의 내면을 나의 내면에서 경험합니다.

　배속 시청에 익숙해지면 그런 '사이'나 침묵이 다루는 표현을 김빠지고 지루한 것으로 여길 수 있습니다. 작품에 따라 침묵이나 '사이'에 언어로 표현할 수 없는 중요한 이미지가 담기기도 합니다. 그러나 작품을 배속으로 시청하는 사람이 많아지면 영화나 드라마를 배급하는 쪽도 배속이나 뛰어넘기를 하더라도 지장 없는 작품을 우선해서 제공하지 않을까요?

● 로봇 잉꼬로는
전해지지 않는 것

사람들이 영상을 빠르게 돌려 보는 건 '시간이나 노력을 낭비하지 않고 효율적으로 요점만 파악하고 싶다.'는 욕구 때문이었죠. 만약 이 욕구가 사람과 사람 사이의 관계에 적용되면 어떻게 될까요?

일본의 SF 소설가 호시 신이치는 '쇼트-쇼트short-short, 초단편 소설'라는 분야를 개척한 걸로 유명한데요. 《봇코짱》이라는 소설집에 〈어깨 위의 비서〉라는 단편이 있습니다. 소설 속 배경은 근미래로, 누구나 어깨에 로봇 잉꼬를 비서로 얹고 다닙니다.

이 잉꼬는 자기 주인이 중얼거린 본심을 사교성과 빈말을 더해 상대가 듣기 좋은 표현으로 고쳐 말해 줍니다. 동시에 상대방 잉꼬가 말하는 복잡한 말을 짧게 요약해 전해 주지요. 사람과 사람은 직접 말하지 않고, 잉꼬를 통해서 대화합니다.

이 작품에 영업 사원과 주부가 대화하는 장면이 있습니다. 방문 판매를 하는 영업 사원이 어떤 상품을 꺼내고 "사라."라고 중얼거리면, 잉꼬가 "오늘 이렇게 찾아뵌 이유는 다름이 아니라, 이번에 저희 회사 연구진이 완성한 신제품을 보여 드리기 위해서입니다."라는 식의 예의 바른 영업용 멘트로 바꿔 줍니다.

그 말을 들은 주부의 잉꼬는 주부의 귀에 대고 "사라는 말이네요."라고 속삭입니다. 주부가 "필요 없어."라고 말하면 잉꼬가 "저희 집은 그런 고급 제품을 구매할 여유가 없어서요."라는 완곡한 거절로 바꿔 줍니다. 그걸 들은 영업 사원의 잉꼬는 "필요 없대요."라고 요약합니다.

"그래도 어떻게 좀." 하고 영업 사원이 매달리면 잉꼬가 "무슨 말씀인지는 이해합니다만, 이렇게 편리한 물건은 없습니다."라고 더욱 열정적으로 멘트를 늘어놓습니다. 그걸 들은 주부의 잉꼬가 "꼭 사라고 하는데요."라고 속삭입니다. "진짜 귀찮게 하네."라고 주부가 말하자, 잉꼬는 "남편이 아직 안 들어와서 지금은 좀 결정하기 어려워요. 정말 아쉽네요."라고 말합니다. 영업 사원의 잉꼬는 그걸 "가래요."라고 요약합니다. 포기한 영업 사원이 "자, 그럼 이만."이라고 말하면 잉꼬가 "그럼 실례가 많았습니다."라고 정중한 작별 인사를 전합니다.

반세기 이상 지난 작품인데, 왠지 지금도 그런 앱이 나오면 수요가 있을 듯합니다. 빙빙 에두르는 말이나 도무지 정리가 되지 않는 말에서 불필요한 부분은 생략하고 요점만 전달하니까요. 게다가 감정을 내세우지 않고 상대방에게 상처를 주지 않으며 답하죠. 다른 사람과 말하는 데 서툰 사람에게는 참 유용하지 않겠어요? AI 기술을 활용하면 실현할 수 있을지 모릅니다.

그러나 로봇 잉꼬로는 전해지지 않는 것도 있습니다. 서로의 말을 요약해도 그 안에 정말 하고 싶은 말이 있다는 보장은 없거든요. 일상에서 평범하게 대화를 나누다가 두서없는 이야기 속에서 문득 '내가 하고 싶은 말이 이거였어.' 하고 깨달을 때도 많습니다.

그렇다면 '불필요한 것'이란 뭘까요? 우리가 불필요하다고 판단하는 것이 정말로 불필요한 것일까요?

● 인생은 '불필요한 것'으로 이루어진다

조금 다른 이야길 해 볼까요. 여러분은 초등학교나 중학교 하면 무엇이 떠오르나요? 운동회, 소풍, 수학여행, 좋아하던 친구… 모두 생각나는 게 다를 거예요. 그런데 혹시 중요했던 수업 내용은 자세히 떠올릴 수 있나요?

학교는 공부하는 곳입니다. 그런데 우리는 수업 시간에 선생님이 무슨 말을 했는지 속속들이 기억하지 못합니다. 기억하는 건 친구와 장난치다가 혼난 일, 하교 전 교실에 내리쬐던 눈부신 석양, 선생님이 입은 옷에 기운 자국이 있던 기억처럼 수업과는 무관한 것들뿐입니다.

이건 공부라는 학교의 목적에는 '불필요한 것'입니다. 그런데 이 불필요한 것이 우리 기억의 대부분을 이룹니다. 누군가와 나눈 대화 내용은 며칠 지나면 잊을지 모릅니다. 나중에 생각나는 것은 당시 상대방의 목소리 톤이나 표정, 그날의 날씨, 흐르던 음악 같은 배경입니다.

불필요한 것은 이른바 효율성에서 벗어난 부분입니다. 달리 표현하면, 목적에도 의미에도 얽매이지 않는 해방된 영역입니다. 사실 그 불필요한 것이야말로 고유한 견해나 감상을 키우는 자신만의 인생 경험입니다. 자신이 분명 거기 있었고, 무언가를 경험했다는 증거는 '불필요한 것' 안에 있습니다.

이와 달리 효율성이란, 대부분 자신이 아닌 다른 누군가의 사정에 맞춘 것입니다. 학교 공부를 쫓아가려고, 세상에 뒤처지지 않으려고, 남에게 폐를 끼치지 않으려고 말입니다. 효율성을 추구한다고 여기겠지만, 사실은 주변 사정에 맞춰

허둥거렸던 것일 수도 있습니다.

인생에서 무엇이 불필요한 것이고, 무엇이 필요한 것인지는 아무도 모릅니다. 불필요하다고 여긴 것이 알고 보니 더없이 중요했다고 깨달을 때도 있지요. 길게 보면 불필요한 것과 많이 어울릴수록 인생에 풍성함이 더해집니다.

좋은 관계는

적당한 거리에서 나온다

처음부터 상대를 잘 알지는 못합니다.
그럼에도 직감을 믿고 그 사람을 신뢰하고
사귀는 데에서 연애가 시작됩니다.

레코드와 연애의 닮은 점

연애는 좋아하는 가수의 레코드를 사는 일과 비슷합니다. 무슨 소리인가 싶을 텐데, 한번 제 이야기를 들어 주세요.

　제 중고등학생 시절에는 인터넷은 커녕 CD도 없었습니다. 음악은 아날로그 레코드로 듣는 것이었죠. 한쪽 면에 5분 정도 녹음되어 한 곡이 담긴 지름 17센티미터 '싱글'과 30분 정도 녹음되어 대략 대여섯 곡이 담긴 지름 30센티미터 '앨범' LP 레코드가 있었습니다.

　앨범을 사려면 용기를 내야 했습니다. 좋아하는 곡만 얻고 싶으면 싱글을 사면 됐지요. 그런데 그 곡 외에 또 다른 좋은 곡이 있을지 모릅니다. 비싼 앨범을 샀는데 기대에 못 미치는 곡이 많으면 실망할 테지만, 한번쯤 들어 보고 싶은 마음에 늘 고민이었어요.

레코드는 망가지기 쉬워 가게에서 듣게 해 주지 않았습니다. 어떤 음악인지 알려면 잡지에 실린 감상평을 참고해야 하는데, 읽는다고 다 알 수도 없죠. 앨범 재킷을 손에 들고 빤히 바라보며 음악을 상상하고, 한참 고민한 끝에 과감히 계산대로 가져갑니다.

집에 돌아와 떨리는 마음으로 레코드판에 바늘을 얹습니다. 사길 잘했다고 생각할 때도 있고, 상상과는 다르거나 감이 안 오는 곡이 많을 때도 있습니다. 그래도 모처럼 산 앨범이니 본전을 뽑으려고 열심히 듣고는 했습니다.

CD나 스마트폰 앱으로 음악을 들을 때와는 달리 레코드는 곡을 간단히 뛰어넘을 수 없습니다. 별로인 곡도 몇 번이나 듣게 됩니다. 그러면 처음에는 재미없게 들리던 곡이 점차 매력적으로 다가올 때도 있습니다. 곡마다의 호불호를 넘어 앨범이나 가수의 세계관에 관심이 가기도 합니다.

이는 사람을 사귀는 일과도 닮았습니다.

우리가 누군가를 좋아하는 건 그 사람에게 어떠한 매력을 느끼기 때문입니다. 외모가 좋거나 다정하거나 돈이 많거나 하는 것들이요. 그런데 초반에는 그 사람이 실제로 어떤 사람인지는 모릅니다. 싱글 레코드만 들어 본 단계인 거죠.

나

그러다가 그 사람과 사귀기 시작합니다. 앨범을 사는 겁니다. 상대방이라는 앨범 속에는 내가 아는 곡 이외에도 여러 곡이 담겨 있습니다. 그중에는 취향이 아닌 것이나 감이 안 오는 것도 있을 수 있습니다. '이런 사람인 줄 몰랐어!'라고 생각할 때도 있을 겁니다.

그래도 앨범을 귀담아듣듯이 상대방을 깊게 사귀다 보면 인상이 달라집니다. 처음에는 이해하지 못했던 어떤 면이 매력적으로 보이기도 하고, 괜찮다고 생각했던 면이 그렇지 않아 보이기도 합니다. 상대방에게 '이런 면도 있네?' 하고 깨닫는 동시에 '난 이런 데에 매력을 느끼는구나.' 하고 자신을 알아 갑니다.

레코드를 사든 누군가와 사귀기 시작하든 잘 모르겠지만 일단은 신뢰하는 마음으로 움직여 봅니다.

아날로그 시대에는 내용을 충분히 알고 앨범을 살 수 없었습니다. 재킷 디자인을 보며 상상력을 발휘하고, 직감과 경험을 의지하고, 가수를 신뢰해 앨범을 사야 했습니다.

연애도 그렇습니다. 처음부터 상대를 잘 알지는 못합니다. 그럼에도 직감을 믿고 그 사람을 신뢰하고 사귀는 데에서 연애가 시작됩니다. 첫인상과 다른 면이 나오더라도 그것까지 포함해 이 사람을 좋아해 보겠다는 의지적 신뢰입니다.

물론 그 판단이 늘 옳은 것은 아닙니다. 직감을 믿고 산

레코드도 결국 별로일 때가 있습니다. 그래도 실패를 반복하다 보면 경험이 쌓이고 직감도 예리해집니다. 연애로 말하면, 이 사람이라면 잘 맞을 거 같다는 감이 자라납니다.

인터넷 시대가 되자 음악과 만나는 방식이 크게 달라졌습니다. 얼마든지 음악을 들어 볼 수 있으니까요. 앨범을 사지 않아도 좋아하는 곡만 다운로드하거나, 스트리밍으로 들을 수 있습니다. 그 기록을 바탕으로 AI가 취향에 맞는 곡을 골라 플레이리스트도 만듭니다. 취향이 아닌 곡은 간단히 뛰어넘으면서요.

음악뿐만이 아닙니다. 다양한 정보를 손쉽게 접하는 인터넷 세계에서는 각자의 취향에 빠르게 다가갈 수 있습니다. 연애를 시작할 때도 SNS를 쓰면 미리 가치관이나 취향을 파악하고 사람을 만날 수 있죠. 실패할 위험이 크게 줄어든 겁니다.

참 고마운 일입니다. 그러나 편리함에 너무 익숙해지면 쾌적함을 포기하기 어려워지고, 실패할지도 모르는 행동은 일단 피하게 됩니다. '잘 모르지만 우선은 신뢰하고 움직이기'가 두려워지고, 속속들이 알아낸 뒤가 아니면 움직이지 못하는 겁니다.

정보가 한없이 흐르는 세계에서는 이런저런 것을 알 수 있습니다. 지나친 정보 속에서 우리는 망설입니다. 그렇지만

어느 시점에 타협하지 않으면 결코 움직이지 못합니다. 그리고 움직이지 않으면 정말로 내가 원하는 게 무언지도 알 수 없습니다.

인간은 실패로부터 배우는 동물입니다. 치명적인 실패는 피해야 하지만, 작은 실패는 지금까지의 사고방식을 다시 점검하고 연구할 계기가 됩니다.

취향의 테두리 안에 있으면 쾌적합니다. 그러나 쾌적함이 감옥이 되어 밖으로 나오지 못한다면 오히려 삶이 괴로워집니다. 의외로 우리는 스스로가 무엇을 좋아하는지 잘 모릅니다. 알기 위해선 쾌적함 밖으로 나와 봐야 합니다. '잘 모르지만 우선은 신뢰하고 움직이기'가 지금 필요한 이유입니다.

다른 인생을 살 수도 있었다

제가 20대 무렵, 아프리카의 수단이라는 나라를 들렀을 때의 일입니다. 아직 독립 전이었던 남수단의 사바나 초원을, 그곳을 오래 조사 중이던 인류학자 구리모토 에이세이 씨의 차를 타고 달렸습니다.

조사를 위해 마을로 가는 길에는 우뚝 솟은 황량한 바위산이 줄지어 있었습니다. "저 위에 사는 사람들도 있어요."

구리모토 씨가 말했습니다.

살펴보니 과연 바위산 위에 구멍이 뚫려 있었습니다. 사람이 사는 흔적 같았습니다.

"저런 곳에서 말이군요…."

가혹한 환경이었습니다. 과연 저기선 어떤 생활을 할까, 생각하며 창 너머로 바위산을 바라보는데 구리모토 씨가 가만히 말을 건넸습니다.

"다른 인생을 살 수도 있었다는 생각이 들죠."

그건 다른 이들의 문화와 생활을 조사하는 인류학자로서의 솔직한 심정이었을 겁니다. 만약 여기서 태어났다면, 인생이 전혀 달라졌을 거예요. 생각하는 방식도, 느끼는 방식도 달랐을 겁니다. 전혀 다른 눈으로 이 세상을 바라보고 전혀 다른 행동을 했을 테지요. 인류학자의 일은 그런 '다른 인생'을 사는 사람들이 보고 느끼는 세계를 이해하는 것입니다.

'다른 인생을 살 수도 있었다'는 구리모토 씨의 말이 여행을 하면서도 이따금 떠오르곤 했습니다.

물건을 팔려고 따라붙는 소년이 지긋지긋해서 무심코 화를 냅니다. 그러고 나면 왠지 마음이 안 좋습니다. 문득 생각이 나곤 했거든요. 다른 인생이 있었을지 모른다고. 저 소년이 나였을지도 모른다고 말입니다.

오두막에
묵게 해 준 남자

저는 여행을 다니며 남들에게 많이도 속았습니다. 카메라와 짐을 도둑맞고 돈을 뺏기기도 했어요. 대부분은 제 부주의 때문이었지만, 그래도 역시 화가 났습니다. 저 자신에게도 화가 났지만, 훔친 사람을 향해 용서할 수 없다는 마음이 차올랐죠. '나처럼 선량한 여행객을 속이다니 형편없는 놈이야!' 하면서요.

그런데 이 생각이 꼭 옳지는 않습니다. 제가 '선량'할 수 있는 건 제 성격이 워낙 좋아서가 아니라 마침 선량할 수 있는 환경에 있었기 때문은 아닐까요? 착하고 바르게 굴어서는 살아남을 수 없는 상황이었다면 어땠을까요? 그런 때 사람은 선량함과는 거리가 먼 행위를 하기도 합니다.

아프리카 어느 마을에서 숙소가 없어 이리저리 돌아다니는데, 한 남자가 "무슨 일이요?" 하고 말을 걸었습니다.

묵을 곳을 찾는다고 하자, "이 마을에는 호텔이 없어. 내가 가진 오두막이 비어 있으니까 거기 묵어도 돼."라고 말했습니다. 참 친절한 사람이었죠. 고마울 따름이었습니다. 그렇게 오두막에 짐을 두고 밖에 나왔는데, 다른 사람이 제게 다가왔습니다.

나

"당신, ○○과 같이 있었지? 그 인간은 도둑놈이니까 조심해."

그 말을 들은 저는 허둥지둥 짐을 둔 곳으로 돌아갔습니다. 사라졌을까 걱정되었거든요.

오두막에 뛰어 들어가자, 등에 아기를 업은 여성이 구석에 쪼그려 앉아 불을 피우고 있었습니다. 오두막을 빌려준 남자의 아내였죠. 저를 위해 오두막에 침대를 옮기고, 요리를 하고 있었습니다.

짐은 그대로였습니다.

곧이어 남자도 오두막에 찾아오더니 며칠이든 머물며 자유롭게 이곳을 써도 된다고 말해 주었습니다.

그를 의심했던 저는 미안한 마음이 들었습니다. 역시 남들이 하는 말을 쉽게 믿어선 안 된다고 생각하면서요.

그런데 다음 날, 마을을 걷는데 또 말을 거는 사람이 있었습니다. "○○ 집에 묵는다며? 조심해. 그놈은 사람을 죽였어."라고 말했죠.

도둑에 더해 살인자라니. 너무 놀라서 정말인지 묻자, "이 근방에선 다들 알아. 그놈 집에서 나와서 우리 집에 와."라고 말하는 것이었습니다.

그 말을 곧바로 믿을 수는 없었습니다. 여러 사람이 굳이 말해 주는 걸 보니 무슨 일이 있었던 것 같은데, 본인에게 확인할 수도 없었죠.

그런데 다음 날, 남자와 함께 시장을 걷는데 지나가던 사람이 갑자기 남자에게 달려들어 욕설을 퍼붓기 시작했습니다. 남자는 처음에는 반론했으나 곧 입을 다물고 그 자리에 쪼그려 앉았습니다. 그는 눈물을 글썽이고 있었습니다. 저는 멍하니 그 모습을 지켜보았습니다.

그 뒤로 남자는 아무 말도 없었는데, 난처해 보였습니다. 저 역시 캐묻지 않았습니다. 다음 날, 저는 오두막을 떠나 다음 마을로 향했습니다. 다른 사람들의 말이나 시장에서의 일이 없었다면, 그 남자는 제게 묵을 곳을 제공해 주고 식사까지 살뜰히 챙겨 준 친절한 사람으로 남았을 겁니다.

● 내 눈에 보이지 않는
세계가 있다

이 일화를 말한 이유는 이때도 '다른 인생을 살 수도 있었다'는 말이 생각났기 때문입니다.

남자에게 어떤 일이 있었는지는 모릅니다. 정말 도둑질을 했을지도 모르고, 사람을 죽였을지도 모르죠. 그러나 그가 누군지도 모르는 제게 다가와 말을 걸고 숙소와 식사를 대가 없이 제공해 준 것 또한 사실이었습니다.

나

도둑질이라는 행위, 심지어 사람을 죽이는 행위는 사실이라면 범죄입니다. 끔찍한 범죄였는지, 동정의 여지가 있는 범죄였는지는 모릅니다. 어느 쪽이든 저지른 행위에 따른 책임은 본인이 짊어져야 합니다.

　그러나 그가 도덕성이라고는 없는 악인이라서 그런 행위를 한 걸까요? 반드시 그렇다고 할 순 없습니다. 어떤 운명의 장난이 그를 그런 행위로 이끌어 갔을 가능성도 있지 않을까요?

　마찬가지로 제가 남의 물건을 훔치거나 사람을 죽이지 않고 살 수 있는 것은 천성적으로 선한 사람이어서도, 선하게 살려는 강한 의지가 있어서도 아닙니다. 어쩌다 보니 사람을 죽이지 않고 살아왔을 뿐일 수도 있습니다.

　만약 제가 노예 무역 시대의 미국에서 백인으로 태어났다면, 나치 시대 독일의 병사로 태어났다면, 1990년대에 르완다에서 일어난 대학살 현장에 있었다면, 혹은 우크라이나를 침공하는 현대의 러시아에서 태어났다면, 지금은 상상도 못 하는 극단적인 사상을 품고 인도적으로 용납할 수 없는 행위를 저질렀을 수도 있습니다. 또 저의 인생도 전혀 다른 모습이었을 겁니다.

　무엇을 믿고, 무엇을 소중하게 여기고, 무엇을 용납할 수 없다고 느끼는지는 우리가 우연하게 몸을 두고 있는 환경

에 큰 영향을 받습니다. 그렇기에 범죄에 물들지 않더라도 '나는 완전무결한 인간'이라고 당당히 주장하기는 어려울 거예요.

《탄이초》라는 책에 "해야 하는 업연을 하려고 하면, 어떤 행동이든 하게 될지니."라는 승려 신란의 말이 전해집니다. 나란 존재는 다양한 인연, 즉 과거부터 현재에 이르는 무수한 인간관계나 환경 같은 요인이 겹쳐서 이루어진 매듭으로, 사람은 그 인연에 따라서 행동하는 존재라는 의미입니다. 개인의 의지가 아니라 그 사람을 둘러싸고 복잡하게 얽힌 관계성이 그의 상태를 만든다는 거지요.

'다른 인생을 살 수도 있었다'는 건, 자신의 눈엔 보이지 않는 세계가 있다고 인정하는 겁니다. 벌어진 일만 보고 그 사람을 선인이나 악인이라고 판단하는 것과 거리를 두는 관점입니다. 악행을 저지르지 않고는 살 수 없는 나약함이나 가난함을 본인의 성격이나 노력 부족, 모자란 도덕성 같은 개인의 책임으로만 돌리는 게 아니라, 자기 또한 저 '인연'에 놓이면 같은 행동을 했을지 모른다는 상상력을 발휘하는 겁니다. 타인과 자기 자신을 바라보는 시선에 그런 여지를, 즉 '사이'를 둬 보는 겁니다.

거북이에게 배운
기대하지 않는 법

저는 베란다에서 거북이를 키웁니다. 어느새 20년 넘게 함께하고 있지요. 이 거북이를 보면서 종종 사람 사이 관계에 대해 생각해 보고는 합니다.

거북이를 키우자고 한 건 아들이었습니다. 초등학생이었던 아들이 대형 마트에 갔다가 수조 속 갓 태어난 붉은귀거북에 흥미를 보였죠. 생물을 키우는 건 아이 정서에 좋은 일이니 가벼운 마음으로 데려왔습니다.

그러나 아들은 표정도 움직임도 그다지 없고, 사람을 따르지도 않는 거북이에게 금방 흥미를 잃었습니다. 아들이 돌보지 않자 어쩔 수 없이 거북이는 제 담당이 되었습니다.

거북이는 오래 산다고 들었는데, 정말이었습니다. 키우기 시작했을 땐 동전 크기였던 녀석이 지금은 등딱지 길이가 22센티미터에 몸무게는 2킬로그램으로, 반으로 쪼갠 작은 수박 정도로 성장했습니다. 평소에는 베란다에 마련해 둔 박스 안에 있다가 날씨가 좋으면 기어 나와 등딱지를 말리거나 베란다를 돌아다니며 화분을 쓰러뜨리기도 합니다.

그런데 20년 넘게 같이 사는데도 왠지 친해진 거 같지가 않습니다. 여전히 표정도 없습니다. 대부분은 꼼짝 않고 가만히 있고, 먹이를 원할 때가 아니면 제 쪽을 거들떠보지도 않습니다.

개나 고양이는 반려인이 부르면 반응하며 다가오거나, 기쁘게 소리를 냅니다. 따뜻하고 부드러운 몸을 쓰다듬거나 만지면서 서로 힐링을 하기도 하고요. 오래 함께하면 마음을 터놓는 가족 같은 사이가 됩니다.

그런데 거북이는 다릅니다. 만지는 걸 좋아하지도 않고, 만지더라도 딱딱하고 차갑습니다. 불러도 반응이 없고요. 이렇게 오래 알고 지냈는데도 다가가면 머리를 쑥 집어넣습니다. 제가 누군지 알고나 있는지 모르겠어요. 무표정하고 움직임도 느릿느릿합니다. 소리를 내지 않으니 반응을 알기도 어렵습니다. 자길 부르는 목소리에 반응하는 거북이 영상도 있는 걸 보니 모든 거북이가 이렇지는 않을 수도 있지만요.

거북이와 개나 고양이 중 어느 쪽이 소통하는 동물이냐고 묻는다면 대부분 개나 고양이라고 답할 겁니다. 이름을 부르면 달려오는 개나 쓰다듬으면 골골골 목을 울리는 고양이와의 관계가 불러도 반응 없는 거북이보다 확실히 소통한다는 느낌이죠.

그런데 20년 넘게 거북이와 어울리며 든 생각은, 어느 한쪽이 더 소통하는 게 아니라 소통의 종류가 다른 듯하다는 겁니다. 개나 고양이와의 관계는 말하자면 '기대하는 의사소통'이고, 거북이와의 관계는 '기대하지 않는 의사소통'이 아닐까 싶다는 거예요.

● 기대하는 의사소통

'기대하는 의사소통'이란 말 그대로 상대방의 기대에 부응하려는 방식입니다. 개로 예를 들면, 이쪽이 이름을 부르면 "멍!" 하고 짖습니다. 반대로 개가 "킁!" 하고 울면 사람은 머리를 쓰다듬습니다. 이렇게 서로 기대하는 반응을 돌려주는 의사소통 형태입니다.

인간관계도 '기대하는 의사소통'이 기본입니다. 인간은 혼자서는 살아갈 수 없습니다. 조상들이 살던 아득한 시절부터 인간은 집단으로 살면서 적으로부터 몸을 지키고, 식량을 확보했습니다. 그러기 위해 주변 사람들과 원활한 관계를 맺는 것이 생존에 없어서는 안 될 조건으로 우리 안에 프로그래밍 되었습니다. 그 결과 '기대하는 의사소통'을 갖추게 되었지요.

우리는 먼저 부모의 기대에 응답하면서 인간관계를 배웁니다. 부모가 기뻐하는 일을 하고, 기뻐하지 않는 일은 하지 않습니다. 혹은 부모 몰래 합니다. 이렇게 배운 인간관계 양식을 이후 학교나 사회에서도 활용합니다.

사회에서 살아가려면 '기대하는 의사소통'은 필수입니다. 상대의 기대를 짐작하고, 이쪽의 기대를 상대에게 전합니다. 그로써 공동 작업이나 협력이 가능해지죠. 우리 사회는 서로가 기대하고, 그 기대에 호응하면서 만들어지고 유지됩니다.

기대란, '이래야 한다, 이러면 좋겠다.'라는 생각을 지니고 상대를 보는 것입니다. 그러면 기대가 채워졌을 때 상대를 인정하는 관계가 쉽게 만들어집니다. 예를 들어 부모가 아이에게 무언가를 기대하고, 아이가 그 기대에 호응하면 비로소 "착하구나."라고 칭찬하고 인정합니다. 그런데 기대가 과하면 괴로움의 원인이 됩니다.

부모의 과잉 기대는 아이에게 압박을 줍니다. 부모는 아이에게 건 기대에 보답받지 못하면 마음이 편하지 않습니다. 부모 자식뿐 아니라 인간관계에 얽힌 많은 괴로움이 과잉 기대에 뿌리를 두고 있습니다. "이런 사람인 줄 몰랐어."나 "이런 짓을 하다니.", "이럴 리가 없는데." 같은 말도 전부 기대에서 벗어난 데에 대한 분노나 슬픔의 표현입니다.

사람과 사람이 관계를 맺을 때 상대방에 대한 기대가 전혀 없을 수는 없습니다. 그런데 때때로 기대가 괴로움을 낳을 정도로 과해지는 이유는 무엇일까요?

같은 세계에서 산다고 여긴다

기대하는 의사소통에 깊게 빠지면 상대방이 자신과 같은 세계를 산다고 착각하기 쉽습니다. 특히 가족이나 부부, 연인이나 친구처럼 같이 보내는 시간이 많고 친밀한 관계일수록 '말하지 않아도 나와 같은 마음이고, 내 기분을 알아줄 거야.'라는 기대가 과해지기 쉽습니다. 그러나 현실은 아무리 친밀한 관계라도 서로 느끼는 세계가 다르다는 겁니다. 상대방이 나의 기대를 알아차리지 못하거나 바라는 대로 호응해 주지 않을 때도 있습니다. 그럴 때 사람은 실망하거나 화를 내거나 상대방을 탓하거나 심지어는 폭력을 쓰기도 합니다.

관계가 대등하지 않다

부모와 아이, 선생과 학생, 감독과 선수, 상사와 부하처럼 힘의 관계에 차이가 있으면 기대가 일방적으로 쏠리기 쉽습니다. 서로 기대를 충족하는 관계가 아니라 입장이 우위에 있는 사람의 기대를 아래에 있는 사람이 채워 주는, 공평하지 않은 관계가 되지요.

예를 들어 의사와 환자의 관계에서, 환자가 의사에게 미움받지 않으려고 '말 잘 듣는 환자', '귀찮지 않은 환자'가 되려고 하면, 정말 하고 싶은 말이나 느끼는 바를 의사에게 말하지 못합니다.

언뜻 보면 협조 관계가 이루어지는 것 같아도 실제로는 입장에 따라 상대에 맞춰 주는 것뿐이고, 속으로는 원망이나 분노가 쌓였을 수도 있습니다.

관계가 거래로 이루어진다

거래란, 계약을 바탕으로 서로 이익을 얻기 위해 물건이나 돈, 행위 등을 교환하는 것입니다. 간단히 말하면 이쪽이 상대에게 준 만큼 상대에게서도 비슷하게 받는 것이죠. 다만, 이 개념을 사람과 사람 사이에 가지고 오면 관계가 삐걱거리기 쉽습니다. 이쪽의 기대에 상대방이 충분히 응하지 않으면 '나는 이렇게 해 줬는데?'라고 느끼고, 반대로 상대방의 기대에 이쪽이 호응할 수 없으면 '나는 별 가치가 없나 봐.'라고 느낍니다. 또 거래로 이루어지는 인간관계에선 줄 것을 가진 자가 우위에 서기 때문에, 그렇지 못한 쪽을 휘두르는 상하 관계로 이어질 수도 있습니다.

기대하는 의사소통의 배경에는 외톨이가 되는 것에 대한 본능적인 공포가 있습니다. 우리 조상들이 수렵 채집을 하던 시대에 고립은 곧 죽음을 의미했습니다. 그래서 남에게 기대하거나, 기대를 받으면서 협력 관계를 만들고 고립에 대한 공포를 줄이고자 했지요. 다만 기대가 과해져 서로에게

묶여 버리면, 대등한 협력 관계가 아니라 의존 관계로 변하게 됩니다.

◖ 거북이에게는
거북이의 세계가 있다

거북이 이야기로 돌아가 봅시다. 거북이를 키우면 기대하지 않게 됩니다. 거북이는 반응도 없고 재롱도 떨지 않아요. 하는 짓이 귀엽지도 않고 거의 움직이지도 않습니다. 그러다 보니 "거북이는 무슨 재미로 키워?"라는 말을 듣기도 합니다. 대답하기가 참 곤란한데, 종종 거북이를 키우는 즐거움이 뭔지 생각해 봅니다.

어느 날, 동영상 사이트에서 사람과 함께 산책하는 거북이 영상을 봤습니다. 그 모습을 따라서 데리고 산책하러 나간 적도 있는데, 나무뿌리 옆에 웅크리고 머리를 집어넣은 채 움직이지 않았습니다. 아마도 제 거북이는 산책을 좋아하지 않나 봐요.

그런데 언젠가부터 제 기대에 전혀 따라 주지 않는 거북이의 모습이 왠지 모르게 개운해 보였습니다.

한번은 겨울잠을 자는 시기도 아닌데 거북이가 먹이를 입에 대지 않은 적이 있습니다. 3개월이 지나도 아무것도 먹

나

지 않았죠. 그래도 평소와 똑같이 등딱지를 말리고, 베란다를 돌아다니고, 화분을 쓰러뜨렸습니다. 동물병원에서 약 처방을 받았는데, 역시 아무것도 먹지 않고 반년이 지났습니다. 약해진 것처럼 보이지는 않았어요. 원인을 모르니 그냥 둘 수밖에 없었습니다.

그러던 어느 날, 아무 생각 없이 먹다 남은 회를 집어 거북이 앞에 내밀었습니다. 당연히 안 먹을 줄 알았는데, 거북이가 갑자기 입을 댔습니다. 8개월 만의 식사였습니다. 그날부터 다시 먹이를 먹기 시작했습니다.

거북이가 왜 먹이를 먹지 않았는지, 그 사정은 지금도 모릅니다. 그 후에도 몇 개월 정도 식사를 하지 않는 때가 종종 있었습니다. 이유가 있겠지만, 거북이 일이니까 제가 생각해봤자 알 턱이 없습니다.

그 대신 저는 거북이를 신뢰하기로 했습니다. 거북이에게는 거북이의 세계가 있고, 거북이의 속도가 있습니다. 저는 잘 모르지만, 거북이는 그렇게 살아갑니다. 그걸 제 기대의 틀에 끼워 넣지 않고 그저 신뢰하며 지켜봅니다. 이것이 '기대하지 않는 것'입니다.

신기하게도 기대에서 해방되자 마음이 평온해졌습니다. 거북이가 시시하다고 생각한 이유는 거북이에게 '재미'를 기대했기 때문입니다. 기대라는 안경을 벗자, 거북이가 그 모습 그대로 재미있어 보였습니다. 20년 넘게 곁에 있는데도 여전히 어떤 세계를 살아가는지 잘 모르겠고, 기대의 테두리를 자유분방하게 넘나드는 존재가 있다는 사실에 안도합니다. 거북이를 키우는 재미가 있다면 바로 이것 아닐까요.

사람과 사람의 관계도 기대에서 벗어나면 지금과 다르지 않을까 싶습니다. 그것이 '기대하지 않는 의사소통'입니다.

● 기대하지 않는 의사소통

앞서 기대가 과해지면 괴로워지는 세 가지 이유를 알아보았습니다. '기대하지 않는 의사소통'의 전제는 그 반대입니다.

다른 세계에서 산다는 걸 안다

세계에는 다양한 생물이 살고 있습니다. 그런데 모든 생물이 세계를 똑같이 인식하는 것은 아닙니다.

예를 들어 진드기는 눈도 귀도 없습니다. 진드기는 후각과 촉각, 온도 감각에 의지해 나무 위에서 포유동물의 등으로 떨어져 피를 빱니다. 즉, 진드기의 세계는 냄새와 온도와 촉감으로 이루어집니다. 진드기는 개에게 잘 달라붙어 살지만, 정작 개의 생김새를 인식하진 못해요.

그럼 개는 어떤 세계를 살고 있을까요? 개는 시력이 약하고, 색 식별 능력도 낮아서 시야가 푸르스름하게 흐릿합니다. 그러나 희미한 빛으로도 물건의 윤곽을 포착하는 덕에 어둠 속에서도 돌아다닐 수 있습니다. 후각이 인간의 수천 배나 좋다고 하니, 우리가 감지하지 못하는 다양한 냄새를 분간해서 세계를 인식할 겁니다.

생물종은 저마다의 환경에서 살아가기 위해 필요한 정보를 감각 기관에 따라 선별하고, 독자적인 세계상을 만들어 갑니다. 저마다의 생물이 만드는 이 세계상을 생물학자 야콥 폰 윅스킬은 '환경 세계'라고 부릅니다. 생물은 고유한 환경 세계 속에서 살아갑니다. 진드기에게는 진드기의, 개에게는 개의, 거북이에게는 거북이의 환경 세계가 있습니다.

그럼, 인간은 어떨까요? 사람이라는 같은 종에 속하는 인간은 모두 같은 환경 세계에서 살고 있을까요?

그럴 수는 없습니다. 사람의 환경 세계는 시각이나 후각 같은 감각 기관만으로 결정되지 않으니까요. 문화나 경험, 지식이나 흥미의 차이에 따라 같은 풍경 속에 있어도 경험하는 방식이 사람마다 다릅니다.

예를 들어 같은 거리를 걸어도 패션을 좋아하는 사람이라면 지나가는 사람들의 옷에 시선이 갈 겁니다. 생물을 좋아하는 사람은 새 지저귀는 소리에 마음을 뺏길 수도 있죠. 도둑이라면 누가 돈을 갖고 있는지 짐작하며 사람들을 관찰할 겁니다. 또 고민이나 걱정이 가득 차 있으면 눈앞 풍경도 들어오지 않겠죠. 이처럼 사람은 내면의 생각이나 기억에 따라 구성된 환경 세계를 살고 있습니다.

사람의 환경 세계는 원근법으로 생각하면 이해하기 쉽습니다. 원근법은 앞에 있는 것은 크고 또렷하게, 멀리 있는 것은 작고 희미하게 그리는 방식입니다. 풍경이나 대상의 입체감과 깊이를 표현하는 그림 기법이죠.

사람의 환경 세계는 각자 관심에 따라 주관적으로 구성됩니다. 즉, 내가 큰 관심을 품은 것은 눈앞에 크고 확실하게 나타나고, 관심이 흐릴수록 배경에 작게 들어갑니다.

누군가가 어떤 환경 세계를 감지하는지는 본인만 압니다. 중요한 것은 상대의 환경 세계를, 내 환경 세계의 척도로 판단해서 '안 것처럼' 여기지 않고 모르는 것을 겸허하게 받아들이는 것입니다. 그것이 바로 '기대하지 않는 의사소통'의 첫걸음입니다.

관계가 대등하다

'대등'하다는 건 관계에서 어느 한쪽이 다른 쪽을 지배하거나 조작하지 않는 겁니다. 나는 상대의 영역을 침범하지 않고, 상대도 내 영역을 침범하게 두지 않습니다. 나와 상대 사이에 경계선을 치고, 이를 지킵니다.

나의 영역을 지키려면 역할이나 캐릭터로부터의 자유가 필요합니다. 기대되는 역할이나 캐릭터를 연기하는 건 원활하게 의사소통하는 데에 도움이 되기도 합니다. 그러나 그 때문에 지배하는 쪽과 복종하는 쪽, 보호하는 쪽과 의존하는 쪽 같은 상하 관계에 뿌리를 둔 역할이 굳어지면, 아래에 있는 사람은 스트레스가 쌓입니다.

기대하지 않는 의사소통에서는 역할이나 캐릭터를 통해 상대방이나 나 자신을 보지 않습니다. 역할은 타인과의 관계에서 잠시 갖춰지는 것일 뿐, 언제든 거기에서 내려올 수 있습니다. 혹은 언제든 다른 역할이 될 수 있습니다. 어떤 역할이든, 그건 역할일 뿐이지 본인 자체는 아니에요.

관계가 거래로 이루어지지 않는다

거래라는 사고방식에는 '등가 교환'이 깔려 있습니다. 즉, 주어진 것의 가치에 맞는 걸 돌려주어야 거래가 성립합니다. 인간관계에 적용되면, "이만큼이나 공부를 시켰으니 반드시 합격해야 해." 같은 식으로 나타납니다.

장사를 하려면 거래가 당연히 필요하지만, 육아나 교육이나 연애를 거래로 파악하면 대부분 잘 풀리지 않습니다. 육아, 교육, 연애 모두 등가 교환으로 성립하지 않기 때문입니다. 씨앗을 뿌렸다고 해도 그게 언제 어떤 형태로 열매를 맺을지 아무도 모릅니다.

기대하는 의사소통은 캐치볼 같은 것입니다. 이쪽이 던진 공을 받아 주는 사람이 있고, 그 사람이 또 공을 던집니다. 가끔 높이 던지거나 빠르게 던져 상대방이 보이는 반응을 관찰하면서 차츰차츰 상대방을 알게 됩니다.

이와 달리 기대하지 않는 의사소통은 어둠을 향해 공을 하염없이 던지는 일과 비슷할지도 모릅니다. 그 공을 누가 언제 받아 줄지는 모릅니다. 누군가 주워도 그걸 이쪽으로 다시 던져 주지 않을 수도 있습니다. 그 누군가도 역시 주운 공을 어둠을 향해 던집니다. 그걸 또 누군가가 줍습니다. 그런 일이 연달아 일어나다 보면 전해지는 것이 있다는 생각이 '기대하지 않는 의사소통' 아닐까요.

기대하지 않는다는 건 포기가 아니라 도리어 신뢰입니다. 눈에 보이는 결과가 바로 나오지 않아도 먼 시점으로 보면 예상하지 못한 열매가 주렁주렁 맺힐지도 모릅니다. 기대의 반대편에는 공포와 불안이 있지만, 신뢰에 공포나 불안은 없습니다. 어느 순간부터 거북이를 보면 마음이 평온해진 것도 거북이에게 기대하지 않고 신뢰하며 지켜볼 수 있게 된 덕분일 겁니다.

나

타조처럼 매일을 새롭게

거북이에게 먹이를 줄 때면 지금 먹이를 주는 저와 저번에 먹이를 준 저를 같은 사람이라고 인식할지 궁금해집니다. 개는 먹이를 준 사람을 기억하고 꼬리를 치며 오는데, 거북이에게는 그런 기억력이 있는지 의심스러워요.

다만 뛰는 놈 위에 나는 놈이 있는 법. 타조는 사육사는 고사하고, 자기 가족도 구별하지 못한다고 합니다. 자기 새끼가 다른 타조의 새끼와 바뀌어도 알아차리지 못한다죠. 어째서 그 정도로 기억력이 형편없는지는 알려지지 않았습니다. 적어도 타조에게 기억력은 종의 존속에 중요한 능력은 아니었습니다.

그와 대조적으로 인간은 살기 위해 기억하는 힘이 필요했습니다. 수렵 채집 시대에 살아남기 위해서 중요했던 것은 눈앞에 나타난 동물이나 인간이 위험하지는 않은지, 적인지 아군인지를 순간적으로 판단하는 능력이었습니다. 그때 필요한 것이 기억력입니다. 과거에 만난 동물이나 인간의 특징을 이미지로 기억해 두고, 눈앞에 동물이나 누군가 나타났을 때 그 이미지와 조합해 위험 여부를 재빨리 판단하고 적절한 행동을 합니다.

물론, 인간 이외의 동물도 어느 정도 기억력을 갖추고 있습니다. 그러나 인간은 기억한 이미지를 말로 표현함으로써 다른 사람과 공유하고, 나아가 이야기를 만들어 후세에 전함으로써 살아남기 위한 방대한 지혜를 축적할 수 있었습니다. 그것이 생명을 위협하는 각종 위험이 가득한 세계에서 인류가 살아남아 번성한 큰 이유입니다.

◗ 현실 세계의 이미지를 새로고침 하기

우리는 어제의 엄마와 오늘의 엄마가 같은 인물인 걸 알고, 어제 친구와 오늘 친구가 같은 인물인 걸 압니다. 오늘 먹은 사과가 저번에 먹은 것과 형태와 색이 달라도 같은 '사과'라는 종류인 것을 압니다. 기억하는 힘이 있는 덕분입니다.

그런데 엄밀히 말하면 어제 엄마와 오늘 엄마도, 어제 친구와 오늘 친구도 완벽하게 같지는 않습니다. 신진대사에 따라 육체는 항상 변하니까요. 육체만이 아닙니다. "지나가는 강물의 흐름은 멈추지 않고, 나아가 원래의 물이 아니로다."라는 일본의 작가 가모노 초메이의 수필집 《호조키》의 한 구절처럼, 이 세계는 늘 변하고 단 한 순간도 똑같지 않습니다. 그러나 그 변화에 전부 반응하는 것은 불가능하고, 그럴 필요도 없습니다. 어제 엄마와 오늘 엄마, 어제 친구와 오늘 친구를 별개의 존재로 인식하기보다 같다고 보는 편이 사회생활을 하기에 편리합니다. 오늘 '나'는 어제의 '나'와 같고, 주변 사람들도 오늘의 '나'를 어제의 '나'와 같다고 봅니다. 그런 식으로 나의 기억과 주변 사람들의 인정으로 우리의 세계가 이루어집니다.

그런데 이런 마음속 이미지가 현실 세계보다 더 리얼해지면 여러모로 불편한 점도 생깁니다.

가령, 동창회에 갔다고 해 봅시다. 예전에 여러분을 자주 놀렸던 동급생이 그때와 똑같은 태도로 대하면 기분이 어떨까요? 혹은 엄마가 여러분을 언제까지나 어린애 취급하고 어렸을 때와 똑같이 설교하면 어떨까요? 아마 조금은 불쾌할 거예요.

왜일까요? 아마 동급생이나 엄마가 과거의 이미지를 지금의 여러분에게 덮어씌우기 때문일 겁니다. 여러분은 같은 인물이지만, 그 내면은 새로워집니다. 그래서 지금의 자신과 과거의 자신은 다르다고 느끼죠. 지금의 여러분이 아닌, 과거 기억 속 여러분의 모습을 밀어붙이면 싫을 수밖에 없습니다. 만약 지금 눈앞에 있는 여러분에게 관심을 보였더라면 분명 불쾌하지 않았을 거예요.

이와 같은 일은 여러분이 주변을 볼 때도 벌어집니다. 과거 이미지를 주변에 투영하지 않고 계속해서 변화하는 세계의 이미지를 따라가려면 호기심 어린 눈으로 변화를 포착하는 생생한 감성이 필요합니다. 하지만 그러려면 에너지가 필요하죠.

젊을 때는 보고 듣고 경험한 것이 마음속에 점차 흘러 들어와 방대한 이미지의 산을 이룹니다. 새롭게 고치는 일도 자주 일어나죠. 그런데 나이를 먹거나 에너지가 부족해지면, 그럴 힘이 떨어져서 이미지 갱신도 정체됩니다. 그러면 세계를 직접 관찰해 이미지를 만드는 게 아니라, 과거 기억 속 이미지에만 머물며 그 이미지로 세계를 덮어씌우게 됩니다.

◉ 세상에는 새로운 일만 일어난다

"이미 있던 것이 훗날에 다시 있을 것이며, 이미 일어났던 일이 훗날에 다시 일어날 것이다. 이 세상에 새 것이란 없다." 구약 성경인 전도서 1장 9절에 나오는 구절입니다.

이 말대로 세상을 바라본다면, 지금 세계에서 일어나는 일은 과거의 반복이고 새로운 일은 없어 보입니다. 그렇게 생각하면 '살아 있어 봤자 어차피 달라지지 않아. 같은 일만 반복하잖아.' 하고 허무하게 받아들일지도 모릅니다.

그런데 이 세계에 사실 반복은 존재하지 않습니다. 봄,

여름, 가을, 겨울이 되풀이되어도 똑같은 봄이나 가을은 절대 오지 않습니다. 늘 새로운 봄이 오고, 새로운 가을이 옵니다. 꼼꼼히 관찰하면, 이 세상에는 새로운 일만 일어납니다. 그 새로움을 새로운 것으로 보지 못하니 허무합니다.

그럼 새로운 것을 새롭게 보려면 어떻게 해야 할까요? 과거의 이미지에 따른 선입견을 벗어 봐야 합니다.

사람과의 관계도 마찬가지 아닐까요. 동급생이나 엄마를 예로 들어 설명한 것처럼 과거 이미지에 얽매이지 않고 눈앞에 있는 상대의 지금에 관심을 기울이는 겁니다. 어떤 의미에서 타조가 되는 겁니다. 타조처럼 금방금방 잊어버리자는 게 아닙니다. 잘 아는 상대여도 안다고 여기지 말고, 처음 만난 것처럼 얽매임 없이 대하자는 뜻입니다.

진짜 '무적'인 사람은 누구일까?

일본에 '무적인 사람'이라는 인터넷 밈이 있습니다. 사회에서 고립되고 인생에 절망해 잃을 것도 지킬 것도 없어서 범죄를 저지르는 데 아무런 주저함이 없는 사람을 일컫습니다. 사회적인 제재도, 형벌도, 사형도 무적인 사람의 행동을 막지 못합니다.

그 사람도 어떤 이유로 자기 자신의, 그리고 사회의 신뢰를 잃고 본의 아니게 고립되었을 겁니다. 이를 외부에서 '무적'이니 뭐니 비꼬는 게 옳다고 보진 않습니다.

이와는 정반대의 방향성을 지닌 '무적인 사람'은 없을까요? 사회가 나를 상대해 주지 않아도 다른 사람을 원망하거나 폭력을 휘두르지 않고 행복하게 사는 길은 없을까요?

문득 무샤노코지 사네아쓰라는 일본 작가의 작품에 등장하는 '바카이치'가 떠오릅니다. 무샤노코지는 이 인물이 어지간히 마음에 들었는지 《바카이치》라는 단편집과 《진리 선생》을 비롯한 자신의 여러 작품에 등장시켰습니다. 저는 바카이치의 삶이 현대와 다른 의미에서 '무적인 사람' 같습니다.

● 들풀에 담긴
아름다움을 보는 사람

바카이치의 본명은 시타야마 하지무. 친구들은 그를 세계 제일 바보라는 뜻의 '바카이치'라고 부릅니다. 바보라고 불려도 기분 나빠하지 않는 호인이라서 이런 별명이 붙었죠.

바카이치는 어려서부터 바보 취급을 받았습니다. 이제는 나이가 지긋해졌는데도, 돈도 가족도 없이 교외의 낡은 집에 혼자 살지요. 시간만 나면 그림을 그리거나 시를 짓는데, 그걸로 생계를 꾸릴 만한 재능은 없었습니다.

친구들은 바카이치를 놀리려고 길가의 풀이나 특별할 거 없는 돌 따위를 주워 선물이라며 가져옵니다. 그러면 바카이치는 선물을 이리저리 살피고 "나는 지금껏 이 풀을 셀 수 없이 많이 봤는데도 아직 이 풀의 아름다움을 충분히 알지 못했네. 자네 덕분에 이 아름다움을 알 수 있어 고맙군." 하며 진심으로 감동했습니다. 돌을 가지고 가면 그 돌을 두고 시를 한 수 지었고요.

바카이치는 언제나 행복하게 지냈습니다. 자길 바보로 여기거나 불행하다고 생각하지 않고, 오히려 세계 제일의 현자나 행복한 사람이라고 믿는 듯이 보였습니다. 친구들은 그런 바카이치가 아니꼬웠습니다.

친구들은 어떻게든 바카이치에게 '너는 바보다. 네가 하는 일은 무의미하다. 너처럼 무의미한 존재는 이 세상에 또 없다.'는 것을 알려 주고 싶었습니다. 성공하는 사람에게는 돈을 주겠다고 친구들끼리 내기를 걸 정도였죠.

친구들은 한 명씩 바카이치를 찾아가 말씨름을 했습니다. 한번은 바카이치의 자존심을 무너뜨리려고 그가 그린 돌과 풀 그림을 두고 "이런 것만 그리면서 잘도 질리지를 않네."라며 비꼬았습니다.

그러자 바카이치는 "자네, 질릴 만큼 본 적이 있긴 한가? 보기도 전에 질린 것 아닌가?", "자연을 유심히 보지 않는 사람일수록 자연을 무시하지. 보다 보면 질리는 것은 시시한 인간이 만든 것이지 자연이 만든 것이 아니야."라고 반론했습니다.

　　다른 친구는 바카이치에게 "사람들이 자네를 바카이치라고 부르는 거 아는가? 정말 자네는 바보로군." 하고 시비를 걸었습니다.

　　그러자 바카이치는 "나는 물론 내가 바보라고 생각하지만, 세상에는 나보다 더 바보인 자가 많다고 생각해. 그리고 바보인 것을 잊지 않는 나와 달리 세상 사람들은 자기가 바보인 줄 모르지. 세상 제일 현명한 자는 자신이 아무것도 모른다는 사실을 아는 사람이라고 하는데, 나를 바보라고 생각하는 사람은 알고 보면 아무것도 모르는 것 아니겠나. 우선은 자신이 바보인 것을 알아야 해."라고 받아쳤습니다.

　　"자네 그림이나 시를 칭찬하는 사람은 아무도 없어."라고 말하면, "나처럼 자연의 아름다움을 잘 아는 인간이 어디 있겠나. 내 시나 그림을 모르는 자는 내 마음을 모르네. 이 돌을 그린 그림 하나를 봐도 내가 얼마나 자연의 사랑을 받는지 알 수 있어."라고 대꾸했습니다.

　　"자네는 이 그림이 얼마나 시시한지 도무지 모르는군.

안타까워.”라고 말하자 “그렇게나 이 그림의 묘미를 모르는가. 자네야말로 참 안됐구먼.” 하고 오히려 친구를 안타깝게 여겼습니다. 모든 일에 이런 태도니 어떠한 말도 타격을 주지 못했습니다.

◑ 왜 바카이치를
그냥 두지 않는가

바카이치는 일반적으로 사람들이 가치 있다고 하는 데에 관심이 없었습니다. 그림으로 좋은 평가를 받는 것에도 흥미가 없고, 다른 사람이 자길 어떻게 보는지도 개의치 않습니다. 자기가 좋다고 생각하는 것, 자기 마음을 기쁘게 하는 것만 고집스럽게 계속했습니다. 그러니 바카이치는 행복합니다.

이 작품에서 바카이치가 행복한 이유보다 더 흥미로운 점은, 주변 사람들이 그런 바카이치를 용납하지 못하는 겁니다. 친구들은 바카이치에게 ‘너는 바보다. 네가 하는 일은 무의미하다. 너처럼 무의미한 존재는 이 세상에 없다.’라는 걸 깨우쳐 주고 싶어 합니다. 행복해 보이는 바카이치를 가만히 두지 않습니다. 어떻게든 바카이치의 존엄을 뭉개서 그의 삶이 무의미하다는 걸 깨닫게 하려고 합니다. 대체 왜 이렇게까지 하는 걸까요?

사람은 바보를 원합니다. 상대방을 바보라고 무시함으로써 자신이 우위에 있다고 느낄 수 있기 때문이에요. 다른 사람을 낮춰 봄으로써 상대적으로 내 위치가 올라갑니다. 내가 불행하다고 느낄 때, 더 불행한 처지에 있는 사람을 생각하면 내가 그나마 낫다고 생각하게 되는 것과 같은 원리입니다. 이건 인간의 타고난 성질입니다.

　　그런데 내 불행에서 시선을 돌리려고 상대방을 바보 취급하고, 그걸 상대방에게 알리고 싶은 것은 '괴롭힘'입니다. 괴롭힘은 자신감이 없거나 열등감을 품었을 때, 자신보다 약한 처지인 사람을 찾아 자존심을 뭉갬으로써 스스로 치유하려는 행위입니다.

　　바카이치의 친구들은 세상의 가치관이나 상식 같은 규칙이 절대적으로 옳다고 믿진 않는데, 그것과 무관하게 살 순 없다고 생각합니다. 적어도 그걸 믿는 척하지 않으면 사회에서 살아갈 수 없다고 믿습니다.

　　규칙을 따른다고 그들이 행복하진 않습니다. 오히려 세상의 규칙과 무관하게 사는 바카이치가 그들 눈에도 훨씬 더 행복해 보입니다. 그렇다면 자신들은 대체 무엇을 위해 규칙을 따르는 건지 의문이 듭니다. 자신들의 삶을 긍정하기 위해서는 바카이치가 바보여야만 합니다. 불행해야만 합니다. 그가 하는 일이 무의미해야 합니다. 그러나 바카이치에게 그걸

깨우치려는 시도는 전부 실패로 끝이 납니다.

◑ 내 안의 바카이치에게
머물 곳을 주기

바보란 대체 뭘까요. 두려워할 필요가 없는 것을 두려워하고, 정말 두려워해야 할 것을 두려워하지 않는 사람 아닐까요? 친구들이 보기에 바카이치는 친구들이 '두려워해야 할 것'이라고 여기는 세상의 가치관, 상식, 돈을 두려워하지 않습니다. 말 그대로 바보처럼 보입니다. 그런데 친구들이 두려워하는 것은 바카이치 입장에서는 두려워할 필요가 없는 것입니다. 바카이치가 두려운 것은 자기 마음에 정직하지 않은 것입니다. 바카이치가 보기에는 친구들이야말로 바보입니다.

만약 바카이치가 친구들의 설득이나 세뇌를 순순히 받아들였다면 불행했을 것입니다. '내 일에는 아무런 가치도 없고, 내 존재는 무의미하고, 내 인생에는 아무런 희망도 없다.' 이렇게 느끼는 사람이 사회에 대한 원망이나 증오마저 심해지면, 오늘날 말하는 '무적인 사람'이 나타날지도 모릅니다.

바카이치가 그렇게 되지 않은 것은 자기 삶에 고집스러울 정도로 성실했기 때문입니다. 거기에 더해 주변 친구들이 그를 바보 취급하면서도 내심 그런 삶을 부러워하고 경의를 표했기 때문입니다. 그림이 다소 팔리기 시작한 뒤, 바카이치를 이용하려고 접근한 자가 자기도 모르는 사이에 우직할 정도로 호인인 바카이치에게 영향을 받는 대목도 나옵니다.

바카이치가 죽고 난 뒤, 한 친구는 이렇게 말합니다. "그는 우리가 보지 못하는 곳을 본다. 우리가 깨닫지 못하는 곳을 본다. 그에게만은 남들이 보지 못하는 비밀을 보여 준 것 같다."

바카이치를 얕보고 그 삶의 방식이 무의미하다고 알게 하려던 친구들이 바카이치의 방식을 인정합니다. 자신들에게는 보이지 않아도 바카이치에게만은 보이는 세계가 있다는 걸 알고 존중하려고 합니다. 왜일까요?

그건 누구든 마음속에 바카이치를 품고 있어서가 아닐까요. 저 깊은 곳에는 바카이치처럼 자기 마음에 솔직하고 싶은 마음이 있는 겁니다. 그러나 현실 세계에서 그런 식으로 살면 사회에서 소외되고 혼자가 될지 모른다고 겁을 내지요. 그러니 사람은 평소 자기 안의 바카이치를 억누르고 모르는 척합니다.

바카이치의 우직한 삶의 방식에 영향을 받고 변화하면서 친구들은 자기 안에 억눌려 있던 바카이치에게 머물 곳을 내어 줍니다. 바카이치처럼 살진 못해도 그런 삶의 방식을 존중

합니다. 바카아치가 머물 곳을 마음속에 펼쳐 두면, 자신과
다른 삶을 사는 사람들을 얕보지 않아도 살아갈 여유가 생깁
니다.

4장

우리의 이야기가

우리의 세계를 만든다

말을 걸자 남자가 제 쪽을 보며 조용히 무어라 말했지만,
무슨 말인지 알아듣지 못했습니다.
남자는 아쉬워하지도 않고 차분한 표정으로
다시 불꽃을 응시했습니다.
저도 불꽃을 바라보았습니다.

모닥불이 만든 자리

남부 아프리카 사막 지대를 사륜구동 자동차를 타고 여행하는 투어에 참가한 적이 있습니다. 밤이 되면 모래에 파묻힌 마른나무나 가시덤불을 모아 모닥불을 피웠습니다. 마른나무는 파삭파삭 터지듯이 잘 타올랐고, 밤하늘에는 하얀 연기가 올라갔습니다.

어느 밤, 평소처럼 모닥불을 피웠는데 근처에 사는 주민 한 명이 어느새 뒤편에 와서 앉아 있었습니다. 용건이 있나 했는데, 남자는 아무 말도 없었습니다. 그저 앉은 채 조용히 불꽃을 바라보고만 있었죠.

말을 걸자 남자가 제 쪽을 보며 조용히 무어라 말했지만,

무슨 말인지 알아듣지 못했습니다. 남자는 아쉬워하지도 않고 차분한 표정으로 다시 불꽃을 응시했습니다. 저도 불꽃을 바라보았습니다. 서로가 누구인지, 어떤 목적인지 몰라도 모닥불 곁에 있으면 아무래도 좋았습니다.

불의 빛과 온기에는 사람과 사람을 모으고 연결하는 힘이 있습니다. 요즘만 그런 것이 아닙니다. 고대 시대부터 불은 사람과 함께였습니다.

인류학자에 따르면, 인간이 받은 불의 가장 큰 은혜는 온기를 얻는 것이었습니다. 어떤 동물은 털 덕분에 야간에도 체온을 유지할 수 있습니다. 그러나 털이 부족한 사람은 밤의 추위에 노출되면 체온을 빼앗깁니다.

사람은 왜 털을 잃었을까요? 먹잇감을 쫓으려면 장거리를 달려야 했기 때문이라고 합니다. 털이 없으면 체온이 오르는 걸 막을 수 있는데, 털이 있는 동물은 계속 체온이 높아져서 장거리를 달리지 못합니다. 대신 사람은 지구력을 손에 넣었습니다. 다리는 느려도 달리기가 빠른 동물이 지칠 때까지 집요하게 쫓아갈 수 있죠.

다만 그 대가로 사람은 밤의 추위를 맞닥뜨렸습니다. 그래서 체온을 빼앗기지 않으려고 불 주변으로 모여들었습니다. 잘 때는 불을 둘러싸고 누워 몸을 서로 꼭 붙이고 잠에 들었고요.

따뜻하게 몸을 녹이는 것에 더해 사람은 불을 써서 고기 같은 것을 굽는 '요리'를 발명했습니다. 그래서 동물은 대부분 불을 피하는데, 사람은 불이 있는 곳을 안전하다고 느낍니다. 모닥불을 바라볼 때 차분해지고 안심하는 것은 태곳적 조상들의 기억과 이어지는지도 모릅니다.

● 내가 사는
세계의 지도

불가에 머무르며 얻을 수 있는 것은 안전이나 요리만이 아닙니다. 밤의 모닥불은 '이야기'가 탄생하는 자리였을 수도 있어요.

남부 아프리카에 먼저 살던 선주민, 산족을 연구한 미국의 인류학자 폴리 위스너는 오랜 세월에 걸쳐 산족 공동체의 대화 내용을 조사했습니다. 그 결과 산족들이 나누는 '낮의 대화'와 '밤의 대화'가 눈에 띄게 다르다는 것을 알아냈습니다.

'낮의 대화' 내용은 생활의 불안이나 공포, 소문, 돈이나 쇼핑, 사냥, 또 농담이 차지하는데, '밤의 대화'의 80퍼센트는 이야기나 신화가 차지하고, 다른 화제도 노래나 춤 같은 의례와 관련한 것이었습니다.

낮의 햇빛 아래에서 나누는 대화가 현실에 대처하기 위한 쓸모 있는 지식이나 처세술 같은 정보인 것과 달리, 모닥불을 둘러싸고 오가는 밤의 대화는 이야기나 신화였습니다. 그들을 조상이나 정령, 동물 같은 시간을 뛰어넘은 기억의 세계와 연결하는 것이었죠.

불을 둘러싸고 밤의 추위를 견디며 이야기를 듣습니다. 그것은 수렵 채집 생활에서 저절로 생겨난 행위였을 겁니다. 모닥불의 온기에 푹 감싸여 듣는 이야기는 마음에 깊이 스며들었을 테지요.

그때 나눈 이야기는 무엇이었을까요? 오늘날 산족에게 전해지는 이야기는 이 세계가 어떻게 만들어졌는지, 왜 낮과 밤이 있는지, 사람은 어떻게 불을 손에 넣었는지, 사바나에 사는 동물들은 어떤 지혜를 지니고 있는지, 용감한 사냥꾼은 사자를 어떻게 굴복시켰는지 같은 것이었습니다.

이런 이야기는 자신이 살고 있는 세계의 지도를 보여 줍니다. 세계는 과연 어떤 곳인지, 어떤 은혜가 깃들여 있고, 어떤 위험이 도사리는지 알려 주죠. 이야기는 공동체 사람들에게 세계를 걷기 위한 가이드북 같은 거였습니다.

이야기가 맡은 또 다른 중요한 역할이 있습니다. 그 지도 속에 자신들의 현재 위치를 나타내는 겁니다. '우리는 어디에 있고, 어느 방향으로 가려고 하는가, 그 방향이 행여 틀리

너

지는 않았는가, 어느 쪽으로 가면 행복해질 수 있는가, 그러기 위해 해야 하는 건 무엇이고, 하지 말아야 할 것은 무엇인가.' 즉, 이야기는 공동체의 도덕관이나 윤리 규범과 연결됩니다.

'무엇이 선이고 무엇이 악인가, 선을 행하면 어떤 은혜가 있고 악을 행하면 어떤 대가가 있는가, 지혜 있는 자는 어떤 식으로 행동했는가.' 이야기는 감정을 뒤흔드는 전개를 통해 듣는 사람들의 마음에 뿌리내립니다. 이를 정신이 아득해질 정도의 세월 동안 거듭해 물려받음으로써 우리는 '이야기를 통해 세계를 이해하는' 사고 회로를 익혔습니다. 그런데 이를 달리 말하면 '이야기를 통하지 않으면 우리는 세계를 이해하지 못한다.'는 말도 됩니다.

● 차별과 폭력의
   이야기

이야기는 무엇이 선이고 무엇이 악인지, 무엇이 옳고 무엇이 틀렸는지를 알려 줍니다. 선하다고 알려진 바른 행동을 하면 그 공동체는 풍족하고 행복해지며, 구성원들의 유대도 강해진다고 가르칩니다.

그런데 함정도 있습니다. 만약 선하다고 여겨지는 행동

을 했는데, 부유해지지 않거나 행복해지지 않는다면 어째서일까요? 그때 새로운 이야기가 생겨납니다. 즉, 좋은 대가를 얻지 못하는 건 자신들을 방해하는 '악'이나 '적'이 존재하기 때문입니다. 풍족해지기 위해선 이 악이나 적을 쓰러뜨려야 합니다. 그것이 정의이고, 이를 위해선 폭력도 불사합니다. 이런 식으로 동지와의 우정이나 유대를 강화하는 이야기가 외부인에 대한 적대적인 마음과 공격을 정당하게 하는 '차별과 폭력의 이야기'로 바뀝니다.

　물론 세상은 그렇게 단순한 이야기로 설명할 수 없습니다. 다만 단순하고 알기 쉬운 덕분에 이런 이야기가 전 세계로 퍼졌습니다. 고대 신화부터 현대 라이트 노벨이나 만화까지 '선'이나 '정의'라는 명목으로 '폭력을 써서 악'을 해치우는 이야기가 셀 수 없이 많으니까요.

　이야기를 따라 어떤 사람들을 공통의 적으로 여기고 차별하는 일은 역사 속에서 몇 번이고 반복됐습니다. 그 적은 시대와 장소에 따라 '선주민'이거나 '이교도'거나 '이민족'이거나 '소수파'였습니다.

　유럽은 중세부터 근세까지 '마녀사냥'을 자주 벌였습니다. 마녀사냥이란, 겉으로는 신을 등지고 악마와 통한 자들을 고발하는 것이었습니다. 그런데 그 배경에는 전염병이나 식량 부족으로 인한 사람들의 불안이나 스트레스의 배출구를 만들려는 의도도 있었습니다. 그래서 교회는 사회적으로 외톨이었던 사람들을 '마녀'로 몰아 박해했어요.

고대부터 있었던 유대인 차별이나 편견도 같은 구조입니다. '유대인은 그리스도교의 적이다.', '유대인은 부당한 이익을 독점한다.' 같은 이야기를 공유해 사람들이 불만을 터트릴 배출구로 삼고 집단이 끈끈해지도록 한 겁니다. 나치는 이런 이야기를 이용해 홀로코스트라는 대량 학살로 수백만 명이나 희생자를 냈습니다.

● 이야기가
저주로 변할 때

집단뿐 아니라, 개인에게도 이야기는 강한 힘을 발휘합니다. 이때 개인에게 영향을 끼치는 이야기는 민화나 신화, 소설 작품만 일컫는 게 아니라 평소 일상에서 현실을 받아들이는 습관 같은 겁니다.

예를 들어 A라는 스포츠 선수가 연습 때는 좋은 성적을 냈는데, 큰 시합에서는 실수를 저질러 주변 기대에 부응하지 못했다고 해 봅시다. 실수에 너무 충격을 받은 A가 "나는 중요한 순간에 실패해서 주변을 실망시키는 형편없는 인간이야." 하고 자기를 규정합니다. 이것이 이야기예요.

알고 보면 다른 시합은 실수 없이 잘 치렀을 수도 있고 주변에서도 실수한 걸 신경 쓰지 않는데, 그런 점은 보려고 하지 않고 '나는 큰 무대에서 남한테 폐를 끼치는 사람'이라는 이야기에 줄곧 사로잡히는 겁니다. 이처럼 과거 기억에서 인상적인 요소를 스스로 납득할 수 있도록 자기감정에 따라 연결해서 만든 게 이야기입니다.

왜 A의 내면에 이런 이야기가 만들어졌을까요? 그가 가장 사로잡힌 문제는 '남에게 폐를 끼쳤다'는 생각입니다. 타인에게 피해를 입히면 안 된다는 사회의 암묵적인 규칙을 의식해서지요. 규칙을 지키지 않는 사람은 무리에서 배제되고 마니까요.

자신이 이 규칙을 어겼다고 생각하는 A는 스스로를 벌주기 위해 이야기를 만듭니다. 스스로 탓해서 이 세상에 용서를 구하는 것이죠.

세상에는 갖가지 규칙이 있습니다. 부모의 말을 잘 들어야 한다, 어른을 거역하면 안 된다, 고집부리는 건 안 좋다, 남에게 기대면 안 된다, 독립심을 길러야 한다, 포기하면 안 된다…. 그리고 이런 규칙을 바탕으로 사람들 마음속에 이야기가 만들어집니다. 규칙을 잘 지켜 성공한 사람이 나오면 '포기하지 않으면 꿈이 이루어진다.' 같은 이야기가 만들어지고, 규칙을 지키지 않으면 A 같은 이야기가 만들어지죠.

포기하지 않고 노력해서 꿈을 이룬 이야기는 사람들을 사로잡습니다. 남의 도움 없이 자수성가한 이야기가 감동을 주기도 하고요.

다만 이런 이야기는 언제 어느 때고 누구에게나 적용되지 않습니다. 사람마다 성격도 다르고 처한 환경도 다르니까요. 그런데 이런 이야기가 깊이 스며들고 널리 퍼져 있는 환경에선 깨닫지 못하는 사이에 그 틀에 맞추어 세상을 바라보게 됩니다. A처럼 그 틀에서 벗어나지 못하고 생각이 갇히기도 하지요.

몸이 아플 때 '남에게 폐를 끼치면 안 돼.'라고 생각해 무리하거나 '포기하지 않으면 꿈이 이루어지니까.'라고 믿고 전혀 어울리지 않는 일을 계속하면, 이야기가 본인을 몰아붙이는 격이 됩니다. 노력하다 포기하거나 실망시키면 자신을 탓하고 부정합니다. 이야기가 '저주'로 바뀝니다.

저주는 무엇일까요. 일반적으론 말이나 의식으로 타인에게 재앙과 불행을 불러일으키는 것이죠. 제가 말하는 저주는 내면에 새겨진 이야기가 자신을 몰아붙이고 위축시켜서 죄책감이나 부끄러움, 무력감을 느끼게 하는 겁니다. 실수할 때마다 "넌 정말 제대로 하는 게 없구나."라는 말을 들은 아이에게 그 말은 저주가 됩니다. 이 저주에 얽매이면 아무 문제도 없는데 스스로를 믿지 못하고 자신을 함부로 대하게 될 수 있어요.

사나운 말만 '저주'가 되는 게 아닙니다. 어떤 이야기든 사로잡혀 벗어나지 못하면 저주가 됩니다. '평범한 가족이 제일이다.'나 '부모 자식끼리는 당연히 서로 이해할 수 있다.' 같은 말도 표준적인 가족 모형이 정해져 있거나, 부모 자식 관계가 고정되어 있다는 전제를 둡니다. 이 말에 해당되지 않은 가족이나 관계 속에서 성장한 사람에게는 그 말 또한 저주가 될 수 있죠.

● 이야기를 불태우다

이야기란 세계를 이해하기 위한 지도입니다. 지도 없이 우리는 세계를 이해할 수 없어요. 그러나 아무리 정교하게 만든 지도라도 실제 세계와 똑같을 수는 없습니다. 낡은 지도나 도움이 안 되는 지도를 계속 쓸 이유도 없습니다.

이야기 역시 그렇습니다. 지도를 곧 세계라고 착각하듯이 하나의 이야기만 정답이라고 여기면 이야기는 저주가 되어 버립니다.

자신을 탓하거나 부정할 때는 반드시 그와 관련해서 얽매인 이야기가 있습니다. 이를 깨달으면 저주에서 풀려나 자유로워지는 길이 열립니다. 믿고 있던 이야기를 놓는 게 두려울 수도 있지만, 막상 놓는다고 해서 세계가 사라지진 않습니다.

다시 모닥불 이야기로 돌아가 봅시다. 모닥불은 사람들에게 온기를 주고, 요리법을 알려 주고, 이야기 자리를 제공했습니다. 이름도 무엇도 모르는 낯선 상대와도 이해관계를 떠나 서로의 존재를 받아들이게 합니다. 이것이 모닥불의 공간입니다.

모닥불에는 또 하나 중요한 상징이 있습니다. 바로 '불태우는 것'입니다. 마른나무를 불에 집어넣는 것처럼 내면에 새겨진 '차별과 폭력의 이야기'나 '저주의 이야기'를 불 가운데 던져 넣고 재로 만들어 밤하늘로 돌려보냅니다. 나를 자유롭지 못하게 한 것을 불 속에 던져 이 세계를 새롭게 창조합니다. 우리 마음속에도 그런 모닥불의 시간을 마련할 순 없을까요?

혼자 가는 길, 함께 가는 길

이집트에서 지낼 때 도무지 익숙해지지 않는 게 있습니다. 사람들이 자꾸 말을 거는 겁니다. 아는 사람이든 아니든 누구나 가볍게 말을 걸고, 어느새 옆에 누군가 있기도 합니다.

붙임성 좋은 게 참 이집트답다 싶으면서도, 가끔은 저를 혼자 두길 바랐습니다.

그마저도 저는 외국인이라서 나은 편이었습니다. 이집트 사람들을 보면, 온종일 누군가와 대화를 하고 함께였습니다. 차를 마실 때도, 밥을 먹을 때도, 뭔가 작업할 때도 누군가와 함께 이러쿵저러쿵 대화했습니다. 사람과 사람의 거리가 아주 가까웠어요.

어느 날에는 "항상 다른 사람과 함께 있으면 지치지 않아?" 하고 이집트 친구에게 물어봤습니다. 그는 질문이 이해 안 되는지 어리둥절한 표정이었습니다. 저는 질문을 바꿔 "혼자 있고 싶을 때는 없어?"라고 물었습니다.

"혼자 있는 건 좋지 않아." 그가 진지하게 대답했습니다.

"왜?"

"혼자 있으면 진(악마)에 쓰이거든. 진은 혼자 있을 때 들어오니까."

"진이 들어오면 어떻게 돼?"

"병에 걸려. 이상한 소리를 하기도 해. 그렇게 된 친구도 있어. 그 친구도 혼자 있을 때가 많았어. 우리와 만나지 않고 방에서 진과 계속 대화했어."

농담을 즐겨 하는 사람이어서 그때는 농담인 줄 알았는데, 이후 비슷한 이야기를 다른 이집트 친구에게서도 들었

나

습니다.

아프리카를 여행했을 때도 "혼자 집에 있는 건 좋지 않아.", "혼자 있으면 병에 걸려.", "혼자 있는 사람은 요술사야."라는 말을 들었습니다. '혼자는 좋지 않다.'는 이집트를 포함한 아프리카 전반에 걸친 상식인 듯했습니다.

혼자 있으면 병에 걸린다니, 이게 무슨 뜻일까요. 사회적 고립이 몸과 마음의 상태와 직접적인 연관이 있다는 의미일까요. 사람은 공동체 안에서 다른 사람과 연결되어 살아간다는 것이 그들 내면에 당연한 감각으로 전해졌을 수도 있습니다.

● 도둑맞은 영혼을
찾으러 가다

현대 미술가이자 문화 인류학자인 오다 마사노리 씨가 마찬가지로 문화 인류학자인 마지마 이치로 씨와 나눈 대담에서, 이에 관한 흥미로운 이야기를 소개했습니다.

오다 씨는 동아프리카를 조사하다가 어떤 샤먼의 제자로 들어갔습니다. 그 샤먼이 하는 일은 '나쁜 유령 때문에 병에 걸리거나 문제가 있는 사람을 치료하는 것'이었습니다.

치료를 시작하면 샤먼은 먼저 병이나 문제의 원인을 점

칩니다. 환자가 만약 머리가 아프고 열이 나거나 오한을 느끼낀다면, 샤먼은 왜 그런 증상이 생겼는지 환자와 입회인 앞에서 이야기로 설명해 줍니다. 이게 '점'입니다.

샤먼은 이런저런 증상에 대해 '나쁜 유령이 영혼을 훔쳐 갔기 때문'에 일어나고, '머리가 아픈 건 도둑맞은 영혼이 유령 엉덩이에 깔렸기 때문'이며, '열이 나는 건 변덕쟁이 유령이 훔친 영혼을 초원에 버려서 뜨거운 태양에 노출됐기 때문'이고, 오한은 '유령이 영혼을 실수로 연못에 빠트려 영혼이 차가운 연못 바닥에 가라앉았기 때문'이라는 식으로 설명합니다.

현대 의학 관점에서는 엉뚱한 이야기인데, 이 설명을 민화나 동화라고 생각하면 환상적이면서 우스꽝스럽고, 생생한 이미지가 풍부한 이야기로 들립니다.

설명만 하면 치료가 아니죠. 샤먼은 환자를 어떻게 치료할까요?

샤먼은 도둑맞은 영혼을 실제로 찾으러 가자고 제안합니다. 먼저 환자의 집에 가서 "이제부터 유령이 훔쳐 간 영혼을 찾으러 가겠습니다."라고 선언합니다. 그다음 샤먼이 앞장을 서고, 제자들은 그 뒤로 타악기를 치며 마을의 넓은 길을 행진합니다. 그러면 마을 아이들부터 온갖 사람들이 하나둘 모여 행진에 참여합니다. 마을 사람들은 같이 걸으며 "영혼을 훔친 게 누굴까?", "왜 그런 일이 생겼을까?" 하고 대화를 나눕니다.

어느새 수가 불어난 행렬이 연못에 도착하면, 샤먼은 제자에게 "저기 영혼 조각이 있으니 주워 오거라." 하고 명령합니다. 제자들은 연못에 잠수해 영혼을 찾고, 진흙 덩어리를 건져 "여기 있어요!" 하고 외칩니다. 모두 환호성을 지르죠. 곧이어 나무옹이나 수풀 등 사방에서 도둑맞은 영혼을 차례차례 발견합니다.

찾아낸 영혼의 조각을 샤먼이 표주박에 넣어 환자가 기다리는 곳으로 돌아갑니다. 샤먼은 표주박을 환자 머리에 얹고, 표주박 입구에 숨을 불어넣어 환자 안으로 영혼을 돌려보냅니다. 마지막으로 영혼을 다시는 도둑맞지 않게 환자의 머리를 톡톡 두드려 뚜껑을 닫습니다. 이렇게 치료가 끝이 납니다.

◗ '혼자' 있는 아픔을 치료한다

연극 같기도, 게임 같기도 합니다. 샤먼은 두통이나 오한처럼 한 사람에게 일어나는 신체 증상을 공동체 구성원 모두와 공유하는 이야기로 바꿨습니다.

병에 걸리면 우리는 사람과의 일상적인 연결에서 분리되거나 상황에 따라 격리되기도 합니다. 병 때문에 생긴 몸의 통증이나 마음의 불안은 병에 걸리지 않은 사람과의 사이가 멀어졌다고 느끼도록 합니다. 즉, 병에 걸리면 고독해집니다. 몸의 아픔에 더해 사회나 주변 인간관계에서 소외될 수밖에 없는 것이 병의 또 다른 괴로움입니다.

샤먼이 치료하려는 것은 이 또 다른 괴로움입니다. 만약 환자가 일반적인 병원에 간다면, 두통이나 발열이나 오한이 있다고 해서 가족이나 이웃 사람이 같이 가 주지 않습니다. 증상의 원인이 환자 안에 있다고 생각하고 이를 치료하는 것이 지금의 의료입니다. 그러니 환자는 일단 '혼자'가 되어야 합니다.

샤먼 접근법은 그와 반대입니다. 샤먼이 하는 일은 병에 걸려 '혼자'가 된 환자를 공동체로 돌려보내는 것입니다. '혼자'가 된다는 건 공동체에서 멀어지는 것이고 존재가 흐릿해지는 것이기도 합니다. 병에 걸려 혼자가 되는 것뿐 아니라 혼자 있어서 병에 걸리기도 합니다. 왜냐하면 사람과 연결됨으로써 뚜렷하던 존재가 흐릿해지기 때문입니다.

또 이 샤먼이 대단한 점은 공동체 사람들을 '도둑맞은 영혼 찾기'라는 대규모 현실 게임에 끌어들여 그 안에 등장하는 캐릭터로 삼는다는 점입니다(이건 전통이 아니라 이 샤먼이 개발한 독창적인 방법이라고 합니다.).

환자는 자신을 위해 그렇게까지 해 주는 공동체에 신뢰가 깊어지고, 공동체 사람들은 샤먼의 행진에 함께하면서 환자를 더욱 깊이 알게 됩니다. '앎'이란 그 사람을 '존재하게 하는 것', 즉 '혼자 두지 않는 것'이기도 합니다.

물론 이 치료로 두통이나 오한 증상이 사라질지는 알 수 없습니다. 그러나 혼자 있어서 느낀 불안이나 고통은 설령 증상이 사라지더라도 치유된다는 보장이 없습니다. 이 막연한 불안이나 고통을 손쓸 수 있는 것으로 드러내는 것이 이야기와 연극입니다. 다만 이는 혼자서는 할 수 없기에 누군가와 '함께' 해야 합니다.

◗ 멀리 가고 싶다면
함께 가라

'빨리 가고 싶다면 혼자 가라. 멀리 가고 싶다면 함께 가라'는 속담이 있습니다. 미국의 전직 부대통령인 엘 고어가 연설할 때 '아프리카 속담'이라고 인용하면서 알려졌지요.

혼자 생각하고 결정하고 행동하면 빨리 움직일 수 있습니다. 그러나 문제 상황을 맞닥뜨렸을 때, 혼자서는 해결 방법을 찾지 못할 때도 있습니다.

한편, 다른 사람과 함께 움직이려고 하면 각자 속도가 다르고 가치관이 맞지 않아 의견이 맞서며 생각대로 움직이지 못할 수도 있습니다.

그러나 문제가 생겼을 때, 혼자서는 생각하지 못했을 아이디어나 새로운 가능성을 발견할 실마리를 주는 것은 대체로 타인입니다. 타인은 나와 다른 풍경을 보는 사람입니다. 내 눈에는 막다른 곳으로 보이는 길이 누군가의 눈에는 더 멀리까지 이어지는 길로 보일 수도 있습니다. 그리고 내가 잃어버린 '영혼의 조각'이 타인이 보는 풍경에서 보이기도 합니다.

한 번 만난 관계에 작별은 없다

한동안 만나지 않았던 친한 사람이 세상을 떴다는 소식을 뒤늦게 안 적이 몇 번 있었습니다.

그럴 때면 비수가 꽂히는 듯한 슬픔까진 아니어도, 가슴에 작은 구멍이 뚫린 듯 차가운 바람이 통하곤 합니다. 그 사람이 차지했던 자리는 사실 언제까지나 공석입니다. 바람이 빠져나간 다음에는 쓸쓸한 공허감이 퍼집니다.

친한 사람의 죽음은 세계를 바꿉니다. 설령 한동안 만나

나

지 않았더라도 그 사람이 살아 있는 것을 전제로 보던 세계와 그렇지 않은 세계는, 겉으로는 똑같은 것 같아도 결정적으로 달라집니다.

누가 죽었다는 것은 내 눈에 보이는 세계를 아무리 구석구석 찾아다녀도 절대 그 사람을 발견하지 못하는 것입니다. 내 발밑에 펼쳐진 지면의 연장선 어디에도 그 사람이 없습니다.

그렇다면 그는 어디로 가 버렸을까요.

신기하게도, 떠난 이후에 오히려 상대방을 더 가깝게 느끼기도 합니다. 살아 있을 때는 둘 사이에 물리적 장벽이 있습니다. 그것이 사라지니 오히려 우연한 순간에 상대의 존재를 생생하게 느낍니다. '그 녀석이 있었다면 뭐라고 말할까?', '너라면 어떻게 할까?' 하고 상상하죠. 어느새 죽은 자가 대화 상대가 되는 겁니다.

사람은 어디서부터 죽은 자가 될까요?

미나미 지키사이라는 선종 승려는 이렇게 설명합니다. '사체死體'와 '유체遺體'와 '사자死者'는 각각 다릅니다. '사체'는 이름이 없고 1구, 2구처럼 물질적으로 셈하는 존재입니다. 그 대상이 사회 속에서 누구였는지 인지되면 '사체'는 '유체'가 됩니다. 이 '유체'가 화장되어 물질적 존재가 아니게 되면 '유체'는 '사자(죽은 자)' 혹은 '고인'이 됩니다. 승려의 역할은

'유체를 죽은 자가 되게 하는 것'이고 애도란 육체를 잃은 죽은 자의 관계를 굳게 맺는 것입니다.

어쩌면 육체가 존재하지 않기에 언제 어느 때나 고인을 생생하게 떠올리는 것이 아닐까요? 유체로 세상에 남아 있다면, 기억 속의 죽은 자는 그렇게까지 현실성을 지니지 않습니다. 유체는 죽은 자를 죽은 그 순간의 시간과 공간 한 지점에 고정하기 때문이에요.

세계 곳곳에는 유체를 미라로 보존하는 문화도 있습니다. 인도네시아 토라자족은 막대한 장례 비용을 마련할 때까지 고인의 유체를 미라로 남기고 생전처럼 집에서 같이 생활하게 합니다. 일본에는 즉신성불이라고 해서 수행 끝에 미라가 된 승려를 신앙의 대상으로 보는 문화가 있습니다. 다만 현재 남아 있는 즉신성불은 20구가 채 안 된다고 해요. 미라나 즉신성불은 어디까지나 예외이고, 사람들에게 죽은 자란 역시 육체를 잃은 존재입니다. 바로 그렇기에 우리가 언제 어디서나 말을 걸 수 있는 존재가 됩니다.

● **죽은 자는
계속 살아간다**

우리는 죽은 자들에게서 무수한 것을 이어받습니다. 우리가 쓰는 말은 물론이고 옷을 입거나 목욕하거나 식사하는 생활 습관도 전부 이미 죽어 버린 사람들이 발명한 것입니다.

테이블이나 의자나 책상, 조명이나 책 같은 주변 모든 물건의 형태를 생각해 내고 발전시킨 사람 또한 대부분 이미 죽은 자입니다. 우리는 죽은 자들에게서 물려받은 세계에서 살아갑니다.

도서관도 마찬가지입니다. 도서관 규모가 크면 클수록 그곳에 있는 책 대부분은 죽은 자가 만든 것입니다. 고전을 읽는 것은 죽은 자의 목소리를 발굴하는 행위이기도 합니다. 우리는 죽은 자가 남긴 것에 둘러싸여 죽은 자와 대화하고, 그 목소리를 이정표 삼아 이 세계를 살아갑니다. 죽은 자는 저세상으로 넘어가지 않고 죽은 자라는 형태로 이 세계에 계속 존재합니다.

연극이나 의례에서는 그 감각을 좀 더 현실감 있게 표현합니다. 셰익스피어의 극에서는 죽은 자(망령)가 말을 하고, 일본 전통 예능인 노가쿠에서도 죽은 자의 유령이 말을 합니다. 아프리카나 아시아의 다양한 의례나 연극에서도 죽은 자는 살아 있는 자와 똑같이 등장하지요.

종교나 신앙이 다른 것과 상관없이, 죽은 자는 육체가 없어도 계속 존재하고 귀를 기울이면 그 목소리를 들을 수 있는 존재로 다뤄졌습니다. 살아 있는 시간이 길어지면 자신

안에 자리를 차지한 죽은 자의 수도 늘어납니다.

죽은 자는 모두 한때 살아 있던 사람입니다. 더 이전에 죽은 자들에게서 이 세계를 물려받고, 또 우리에게 물려준 사람들이기도 합니다. 우리와 마찬가지로 죽은 자에게도 이 세계를 다룰 권리가 있습니다. 무엇보다 그들은 지금 살아 있는 우리 안에 계속 살아 있습니다. 지금 살아 있는 사람들만이 이 세계를 자유롭게 이용하는 것이 아니라는 것이죠.

조심해야 하는 것은, 자신들의 욕망을 죽은 자의 바람이라고 바꿔치기하는 것입니다. "희생된 사람들의 원통함을 우리가 풀어 주겠다." 같은 소리를 하며 실제로는 자기들에게 좋은 것을 '죽은 자가 바라는 일'이라고 말하기도 합니다. 죽은 자에게는 입이 없으니까 정치적 야심을 채우기 위해, 전쟁을 시작할 명목으로, 혹은 남을 부리기 위해 죽은 자를 이용합니다. 그건 죽은 자를 욕보이는 짓입니다.

● **우리 안에서 살아가는
죽은 자들**

죽은 자의 목소리는 작습니다. 자세히 귀를 기울이지 않으면 들리지 않습니다. 그러나 죽은 자는 절대 사라지지 않습니다.

정신과 의사인 간다바시 조지는 "한 번 만난 관계에 작별은 없다."는 말을 했습니다. 또 "작별이 있다면 사실은 만나지 않은 것이다."라고도 했습니다.

　죽음이 우리 사이를 갈라놓으면 물리적으로 만나지는 못합니다. 그럼에도 인연이 닿아 만났다는 사실은 사라지지 않습니다. 웅덩이에 돌을 던지면 물 표면에 파문이 생깁니다. 그것은 이윽고 잔잔해지지만, 원래대로 돌아간 것은 아닙니다. 던진 돌은 잠잠하던 물의 흐름에 영향을 미치고, 대단하지 않더라도 수초나 미생물을 변하게 합니다. 그 변화는 또 다른 자그마한 변화의 연쇄를 일으키고, 멈추지 않고 이어집니다.

　사람과 사람의 만남도 그렇습니다. 한 번 만났다면, 설령 그 사람이 떠났더라도 파문이 퍼지는 것처럼 영향을 받습니다. 다른 사람과 만나는 새로운 계기가 되기도 합니다. 파문은 마음속에 작은 변화를 주거나 영향을 미치며 끝없이 퍼져나갑니다. 울퉁불퉁한 돌이 물의 흐름에 따라 모서리가 깎이고 둥글게 되는 것처럼, 죽은 자와의 추억이나 세세한 에피소드도 시간과 함께 마모될지 모릅니다. 그러나 둥글어진 죽은 자는 인격에서 해방되어 날카로운 모서리로 사람에게 상처 주는 일 없이 바람이나 물이나 빛이나 온기처럼 우리를 계속 지켜 주는 존재가 됩니다. '한 번 만난 관계에 작별은 없다'는 건 그런 의미가 아닐까요.

민속학자 야나기다 구니오는 "죽은 자는 떠나고 33년이 지나면 익명의 '조상'으로 융합된다."고 했습니다. 설령 피가 이어지지 않았어도 인연이었던 자들 또한 조상처럼 우리를 지켜 주는 존재가 되어 우리의 행동이나 생각, 감정 속에서 살아갑니다. 그렇기에 한 번 만난 관계에 작별은 없습니다.

마무리하며
어색한 순간에 머물러 보기

이 책은 "이렇게 하면 커뮤니케이션을 잘할 수 있습니다."라고 알려 주는 실용서가 아닙니다.

　사람마다 의사소통 방식이 다르고, 오히려 의사소통을 능숙하게 해야 한다는 강박관념이 괴로움을 낳기도 합니다. 그래도 모처럼 제 책을 펼쳐 준 여러분께 한 가지를 알려 드리겠습니다.

　모임 자리에서 다 함께 대화를 하다가 갑자기 말소리가 뚝 끊기고 모두가 침묵하는 순간이 있습니다. 프랑스에서는 그런 침묵의 시간을 '천사가 지나갔다'는 관용어로 표현합니다.

　대부분은 그럴 때 그 사이를 견디지 못하고, 누구라고 할 것 없이 재채기하거나 상관없는 이야기를 꺼내 어색한 공백을 메꾸고 싶어 합니다.

자, 그럴 때 한번 일부러 어색함을 견뎌 보세요. 공백을 메꾸고 싶은 유혹을 참고 천사가 지나간 침묵의 시간을 느껴 보는 겁니다.

대체 뭘 알려 주겠다는 건지 의아할 겁니다.

우리는 사이가 뜨는 것을 싫어합니다. 사이를 재빨리 메우고 이야기를 끊이지 않게 하는 것이 의사소통 능력이라고 믿기도 합니다. 그러나 사이를 메우겠다고 상대에 맞춰 생각한 적도 없는 말을 하면 오히려 괴로워집니다.

그보다는 '사이'에 머무릅시다.

그때 느낀 어색함, 불편함, 심심함, 불안함을 어떻게 하려고 하지 말고, 그냥 거기에 한동안 있어 보는 겁니다. 인생 대부분은 그런 것으로 이루어져 있습니다.

처음에는 익숙하지가 않아 힘들 겁니다. 그래도 의외로 금방 잘하게 될 거예요.

그 안에서 느긋한 여유를 느끼게 된다면, 분명 여러분의 삶은 한결 편안해질 겁니다.

나와 너 사이를 생각하기에 좋은 작품들

책에서 다룬 주제나 설명을 더 자세히 알고 생각을 발전시키고 싶다면 추천하는 작품입니다.

1장

영화 〈인사이드 아웃〉 피트 닥터 감독, 2015년
라일리라는 11세 소녀의 머릿속에 존재하는 기쁨, 슬픔, 버럭, 까칠, 소심이라는 다섯 캐릭터의 모험을 그린 독특하고 즐거운 애니메이션입니다. 다섯 감정은 모두 라일리가 행복하기를 바랍니다. 라일리가 겪는 사건과 그에 따른 감정의 분투가 담겼죠. '행복이란 무엇인가', '성장이란 무엇인가'를 생각하게 해 주는 깊이 있는 판타지입니다. 이 영화를 보면 분명 자신 안에 일어나는 감정들의 이야기를 상상하게 될 거예요.

《하늘의 뿌리》 로맹 가리 지음, 문학과지성사(2007년), 1956년
저자 로맹 가리는 20세기 프랑스 소설가이자 외교관입니다. 원제는 '천국의 기원Les racines du ciel'입니다. 아프리카에서 사냥꾼들의 위협에서 코끼리를 지키려고 괴이할 정도로 정열을 쏟는 주인공 모렐의 삶을 다룬 장편 소설이죠. 책에서 다루는 나치 수용소 이야기는 그중 하나의 에피소드입니다.

《죽음의 수용소에서》 빅터 프랭클 지음, 청아출판사(2020년), 1947년

원제는 '강제 수용소에서 어느 심리학자의 체험Ein Psycholog erlebt das Konzentrationslager'입니다. 유대인 정신과 의사인 프랭클은 1942년 가족과 함께 나치에 붙잡힙니다. 이후 강제 수용소 네 곳을 떠돌다가 1945년 4월에 해방되면서 기적적으로 살아 돌아오지요. 수용소에서의 체험을 바탕으로 단숨에 써 내려간 책입니다. 상상할 수 있는 가장 절망적인 상황을 다루면서도 책을 다 읽으면 희망을 느끼게 되는 독특한 책입니다.

2장

영화 〈베를린 천사의 시〉 빔 벤더스 감독, 1987년
〈도시의 앨리스〉, 〈파리 텍사스〉 등으로 알려진 독일 영화감독 빔 벤더스의 대표작입니다. 지친 중년 천사, 그 눈에 비친 흑백 베를린, 거기 사는 사람들의 마음속 속삭임. 흑백 영상과 컬러 영상을 나눠 사용하며 섬세하고 시적인 표현을 아로새긴 기적처럼 아름다운 작품입니다.

《완벽한 미인》호시 신이치 지음, 하빌리스(2023년), 1971년
호시 신이치는 '쇼트쇼트(초단편 소설)의 신'이라고 불린 작가입니다. 특히 근미래를 그린 작품이 많죠. 이 책에서 다룬 〈어깨 위의 비서〉도 그런데, 각종 편리한 테크놀로지를 이용하는 삶 속에서 사람들의 마음이나 인간관계가 어떻게 변화하는지를 주제로 다뤘습니다. 반세기 전의 작품 같지 않을 정도로 현대를 정확하게 예견해서 놀랍습니다.

《탄이초》유이엔 지음, 지만지(2012년)

《탄이초》는 가마쿠라 시대 승려 신란의 가르침을 제자 유이엔이 정리한 책입니다. '내가 뭔가 하려는 생각을 버려라.'나 '선인도 구원을 받으니 악인이라면 더욱 구원받는다.' 같은 상식과 정반대로 들리는 가르침은 많은 문학자와 철학자에게 큰 영향을 미쳤습니다.

《같은 공간, 다른 환경 이야기》야콥 폰 윅스퀼 지음, 올리브 그린(2023년), 1934년

지금으로부터 100년쯤 전 생물학자 윅스퀼은 모든 생물은 저마다 감각을 활용해 자신들만의 세계(환경 세계)를 만든다고 생각했습니다. 눈도 귀도 없는 진드기는 냄새와 온도와 촉각으로 이루어진 환경 세계를, 개는 후각을 중심으로 한 환경 세계를 만듭니다. 세계는 하나가 아니라 생물 저마다 다른 세계가 존재한다고 말하는 생물학의 고전입니다. 얇아서 읽기도 좋습니다.

《눈이 보이지 않는 사람은 세계를 어떻게 보는가》이토 아사 지음, 에쎄(2016년), 2015년

'환경 세계'는 생물종 차이에만 해당하는 이론이 아닙니다. 눈이 보이지 않는 사람과 보이는 사람이 인식하는 세계 또한 저마다 환경 세계의 차이로 파악할 수 있어요. 눈이 보이지 않는 사람은 보이는 상태를 기준으로 살아가지 않습니다. 눈이 보이는 사람은 눈으로 볼 수 없는 세계를 지각합니다. 타인과 의사소통할 때, 그런 생각은 아주 중요합니다.

4장

《새로운 창세기》 에드워드 윌슨 지음, 사이언스북스(2023년),
2019년
생물의 사회적 행동을 연구하는 '사회생물학'의 창시자인 윌슨
의 책입니다. 얇은 책인데 생물 진화를 다루면서 인간 사회가 형
성된 이치를 간결하게 설명합니다. 저자는 '사람이라는 종의 발
생 및 그 특징인 뇌의 방대한 기억 용량은 아프리카 야영지의 모
닥불 빛으로 확고해졌다는 것이 고생물학자들의 공통된 견해
다.'라고 합니다. 아무래도 지성은 밤에 모닥불 곁에 앉았을 때
자라나나 봅니다.

《엔드 오브 라이프》 사사 료코 지음, 스튜디오오드리(2022년),
2020년
말기 암 환자 재택 의료 현장을 환자, 의사, 방문 간호사, 가족을
취재해 그려 낸 논픽션입니다. 사람과 사람의 관계가 돌보는 자
와 돌봄 받는 자의 관계로 바뀌었을 때 어떤 일이 벌어질까요?
가족과의 약속을 이루기 위해 죽음의 위험을 무릅쓰고 개펄 놀
이를 하러 가는 환자, 간병의 프로였던 남성 간호사가 말기 암이
되어 자기 죽음을 직면하는 이야기 등 에피소드가 전부 무겁지
만 마음을 따뜻하게 울립니다.

《사랑의 기술》 에리히 프롬 지음, 문예출판사(2019년), 1956년
"인간의 가장 큰 욕구는 고립을 극복하고 고독의 감옥에서 빠져
나오려는 욕구다."라고 독일의 정신분석가이자 사회심리학자인
프롬은 말합니다. 이 고립을 극복하려 할 때 필요한 것이 '사랑하
는 능력'이고 '사랑하는 기술'입니다. 다만 사람들은 사랑을 '어

떻게 하면 사랑받는가'의 문제로 파악하고 스스로 사랑하는 능력을 키우려고 하지 않습니다. 프롬은 사랑이란 사랑을 만들어 내는 능력이고, 기술로서 습득할 수 있다고 말합니다. 출판된 지 70년 가까이 된 책인데, 여전히 전 세계에서 널리 읽히고 있죠. 프롬의 또 다른 대표작,《소유냐 존재냐》와 함께 젊을 때 읽어 보면 좋은 책입니다.

나와 너
사이에서 철학하다

초판 1쇄 발행 2024년 10월 25일
초판 2쇄 발행 2025년 5월 23일

글쓴이 다나카 마치 **그린이** 최진영 **옮긴이** 이소담
펴낸이 최순영

교양 학습 팀장 김솔미 **편집** 연혜진
키즈 디자인 팀장 이수현 **디자인** 박연미

펴낸곳 ㈜위즈덤하우스 **출판등록** 2000년 5월 23일 제13-1071호
주소 서울특별시 마포구 양화로 19 합정오피스빌딩 17층
전화 02) 2179-5600 **홈페이지** www.wisdomhouse.co.kr

ISBN 979-11-7171-290-8 44100